磯崎三喜年
Mikitoshi Isozaki

森島泰則
Yasunori Morishima

西村 馨
Kaoru Nishimura

直井 望
Nozomi Naoi

荻本 快
Kai Ogimoto

現代心理学入門
Introduction to Contemporary Psychology

ナカニシヤ出版

まえがき

　「心理学」そのことばの響きは心地よい。それは未知の世界の扉を開くような，魅惑的な響きさえある。読者の皆さんはどうだろうか。このことばからどんなことを考え，どんなイメージを抱くだろうか。この本は，そうした心地よい響きに魅せられた5人の心理学者が，その思いを表現したものである。こころとは何か。それは，永遠の課題である。古来より哲学者をはじめとして，その探求は連綿と続き，科学としての心理学として今日にいたってなお，人々を永遠の旅へと誘っている。こころの探求は何を目指し，そして何をもたらすだろうか，あるいはもたらしただろうか。唐突に聞こえるかもしれないが，こころは自然の節理に連なる。そう言うと読者は驚くかもしれない。言うまでもなく，自然とその営みは，人々に限りない恩恵をもたらす一方，その災禍も数知れない。地震，津波，疫病，豪雨と河川の氾濫。その猛威に言葉を失い胸がつぶれる。

　こころ，そしてその動きは，自然現象の相似形でもある。こころのエナジーは，自然のエナジーと響きあうかのように，さまざまな人的事象・社会現象を生み出す。地下深くマグマがたまり，プレートのひずみが増幅するように。そしてそれらが火山の爆発や噴火，大きな地震となって現れるように。こころは，少しずつ揺れ動き，ときに静まるかに思えることもあれば，ときに制御しえないような暴発を引き起こす。こころによって，人はつながりあい，支えと喜びをもたらす一方，壁を作りだし，反目と悲しみをもたらす。やっかいなことに自然の災禍と人的災禍は，ときとしてもつれ絡み合い，関東大震災でのデマや異民族への攻撃といった悲劇をも生み出す。歴史はそれを伝え，文学や芸術はそれを表現する。

　心理学は，西洋での哲学を基盤に，物理学などの自然科学的手法を取り入れ，統計学や医学・神経科学など，さまざまな学問との接点を深めながら今日にいたっている。その扱う領域も多岐にわたり，細分化している。単一の心理学者でその全貌を的確に描き出すことは，次第に難しくなっている。大学で講ずる心理学のクラスにおいてもそれは例外ではない。したがって，筆者が勤務する国際基督教大学（ICU）では，心理学のクラスを複数の教員が合同で担当し，それぞれの専門分野の視点から心理学を講じ，その全体像を伝える試みを続け，教員・学生相互のやり取りを行っている。心理学の実践的・応用的な活用が期待される一方，その裏付けとなる基礎的領域の重要性はますます高まっていることも見逃せない点である。

　本書は，国際基督教大学に勤務する心理学の担当教員が，それぞれの専門分野を活かし，現代心理学の全体像を描こうとして，その講義のエッセンスをまとめたものである。そして，心理学という学問を通し，現代に生きる人間を理解・考察し，人間行動への洞察を深めることを狙いとしている。読者には，答えを見出すだけでなく，現代に生きるわれわれにとって何が問題か，新たな課題となるのは何かを議論し，探っていただければ幸いである。本書がその手掛かりと契機になることを願ってやまない。最後に唯一心残りとなったことを申し上げたい。本書は，その構想から完成までに思わぬ時間が過ぎた。その間，いつものことながら，忍耐強くその歩みを支え，編集の労を取っていただいた宍倉由高編集長には並々ならぬお世話になった。ここに記してこころからのお礼を申し上げたい。

磯崎三喜年

（国際基督教大学名誉教授・客員教授）

目　　次

Ψ Chapter 1
心理学とは何か

森島泰則

1 心理学の成り立ち

[1] 近代心理学以前

　おそらく人間は，この世界に登場して以来ずっと「心」というものを考えてきたに違いない。その長い歴史，とくに西洋における歴史的変遷を考えるときに，アリストテレス（Aristotle）の名をはずすことはできない。アリストテレスは紀元前 4 世紀のギリシャの哲学者で，彼が大成した「自然学」は，17 世紀に起こった科学革命によって解体されるまで，西洋における支配的世界観であった。アリストテレスは，「心」とは理性的な思索（思考）や道徳的な行為を可能にする能力と考えていたようである。

　時代を下って，中世，ルネサンスを経て西洋思想史上重要な転機となるのが，デカルト（R. Descartes）の思想である。デカルトは，身体と心（精神）の二者をはっきりと分断し，身体は物質的存在，心（精神）は非物質的存在であるとした。そして，この世界はこの非物質的な存在と物質的な存在によって構成されると考えた。このような考え方はそれ以前からあったが，それを明確に表明したのがデカルトである。デカルトは，この心身二元論（dualism）をもって，「心身問題（あるいは心脳問題: mind-body problem; mind-brain problem）」と呼ばれる問題を突きつけた。「心身問題（心脳問題）」とは，この物質的存在である身体（脳）に「意識」や「思考」や「感情」などの非物質的な「心」が現れるのはなぜか？という問題である。

　また，デカルトは人間の本質は「精神」（「理性」）であると考えた。デカルトの哲学は理性主義の哲学と呼ばれるが，デカルトによれば，「理性」（「精神」）は本質的には神に帰属するもので，人間の理性（「精神」）は不完全なものであるが，神から与えられたものであって，人間のもつ諸観念（idea）もこの理性に連なるもので，人は生まれながらに備えているということになる。このような考え方は「生得論（nativism）」と呼ばれる。

　「理性」と密接な関係にある「思考（thought）」の問題に関しては，17 世紀に英国で活躍したトーマス・ホッブス（Thomas Hobbes），それに続くジョン・ロック（John Locke）らの思想が重要である。ホッブスは，われわれの観念は，感覚（sensation）をもとに形成され，その余波にすぎないと主張した。彼は，世界（外界）という物理的存在が心の中にどのように表象されるかという疑問に非常に興味をもち，この問題を解決しようと，感覚と思考の心理物理学的基礎に目を向けた。とくに，ガリレオ（Galileo Galilei）を訪問してからは，運動（motion）という考えに非常に興味をもち，物理的世界のはたらきと同様，心のはたらきもこの運動という概念によって説明できるのではないかと考えた。

　ロックも，ホッブス同様，生得論には異を唱え，心のはたらきの対象となるものはすべて経験から得られるという説を主張した。彼は「タブラ・ラーサ: *tabula rasa* ＝何も書かれていな

い書板」という比喩を用いて，生まれながらの心は白紙状態であると出張した。ロックは，思考は心の中のさまざまな要素（観念: idea）を分析の基本単位とし，それを複合したり，比較したり，結び合わせたりすることができると考えた。ロックは，さらに観念は感覚と内省（reflection: あるいは「内的感覚: internal sense」）から生じると考えた。このような考え方は，アリストテレスにまでさかのぼることができる。『たましい論（ギリシャ語で *Peri Psychês* または，ラテン語で *De Anima*）』の中でアリストテレスは，心は心象（image）を要素として構成されると述べている。また，記憶に関する論考の中で，秩序だった経験の連鎖と連合の三法則（類似性，対比性，近接性）を論じている。ロックの思想において「内省または内的感覚」は重要な概念であり，ホッブスの感覚の概念を一歩前進させたが，今日的な意味で心理学的な概念というにはあいまいなところが多い。

18世紀になると，デイヴィッド・ヒューム（David Hume）が登場する。ヒュームは，われわれが確実に知ることができるものは何かという問題を追求した。その結果，彼はそのようなものはほとんどないという結論に達した。ヒュームは，心が認識するすべてのものを印象（impression）と観念とに分類した。印象とは感覚や感情に相当するもので，観念とはそれらの心象であり，思考の過程に生ずるものであるとした。つまり，心に生じる観念のもとを経験に基づく世界に限定したということである。複雑な思考も，感覚を要素として構成される。したがって，いかなる観念もそれを確実に知るためには，そのもととなる感覚が存在しなければならない。

ロックとヒュームは英国経験論を代表する思想家であり，その後の心理学にも大きな影響を与えた。彼らの思想は「連合主義: associationism」と呼ばれ，心理学の先駆と見なされるが，あくまで経験主義哲学という枠組みの中でのものであった。彼らにとっては哲学的問いと心理学的問いという明確な区別はなかった。この区別は，デイヴィッド・ハートレー（David Hartley），ジェームズ・ミル（James Mill），ジョン・スチュアート・ミル（John Stuart Mill），アレキサンダー・ベイン（Alexander Bain）らの時代に次第に鮮明になる。たとえば，ハートレーは生理学に興味をもち，そのため，連合の法則を筋肉の運動に求めようとした。とはいえ，思弁的な連合の概念を心のはたらきの基本的メカニズムとする考え方は継承していた。連合主義の特徴は，実証的な研究よりも思索的な探求が中心であったこと，そして，多くの場合，学者本人の内省的な観察に依存していたため，意識的な過程が観察対象となったことである。その結果，連合主義心理学においては，思考の分析は静的な要素の組み合わせに陥ってしまい，いったん要素に分解されてしまうと，それを組み合わせてももとの思考という動的なはたらきの説明にならないという事態を招いてしまった。心理学が実証的な学問として出発するにはさらに半世紀待たなければならなかった。

[2] 近代心理学の誕生：ヴントの心理学

イギリスを中心に発展した連合主義心理学は，ドイツにも影響を及ぼしていた。とくに，ジェームズ・ミルとアレキサンダー・ベインは，ドイツで最も広く読まれていた。その頃，ドイツでは新しい心理学が芽生え始めていた。その背景には，化学工業，航空産業などを中心とするドイツの科学技術の発展によって，思弁的な自然哲学（Naturphilosophie）からより実証的な自然科学を指向するという知的傾向があった。また，ウェバー（E. H. Weber），フェヒナー（G. T. Fechner），ヘルムホルツ（H. L. F. von Helmholtz）らによる，生理学を背景として感覚・知覚などの心理学的問題の研究も影響を与えた。

このようなドイツの学界の状況のもとで，1879年，当時ライプツィヒ大学の哲学教授であったヴィルヘルム・ヴント（Wilhelm Wundt）が，大学によって公認された心理学実験室を開設した。これをもって近代心理学が始まったとよく言われる。もちろん，ほとんどの時代区

分がそうであるように，これはひとつの目安，象徴的出来事である。それまで心に関する思索，研究は哲学の一部とされていたが，この時期以降，心理学は新しい独立した学問分野として発展して行く。なぜヴントの心理学実験室開設がそれほどエポックメーキングなのかと言えば，ヴントによって心理学に実験的実証主義が導入されたからである。ヴントは，心理学とは「直接経験」を調べる学問であるとした。ヴントのいう「直接経験」とは，今日われわれが「意識」と呼ぶものと考えてよい。彼は，物的世界（自然界）が分子や原子から成り立っているように，意識も「感覚」や「単純感情」などの心的要素から構成されていると考えた。そして彼は，この心的要素とその構成法則を解明しようとした。ヴントの考え出した研究方法は，内観法（introspection）と呼ばれる。これは，訓練を受けた参加者が自分で自分の内面を観察し，それを報告するという方法である。その際，参加者に与える刺激を人為的に操作し，変化させることによって実験的観察が可能となる。このように，ヴントの内観法は自然科学で行われるような実験的手法を採用したが，自然科学とは本質的に異なる性質ももっていた。それは，観察データの客観性にからむ問題である。

　ここで，「直接経験」とその対になる「間接経験」を考えてみよう。心理学の研究対象である「心」は，われわれの内面（にあると考えられるもの）で，その意味において観察者から独立に存在するものではない。ヴントによれば，あなたはあなたの心（の意識に上る部分）を直接観察できるという意味において「直接経験」である。これに対し，「間接経験」とは自然科学の対象となる物的存在を観察することを指す。たとえば太陽系の惑星，土星を考えてみよう。われわれは天体望遠鏡などを使って，土星を観察することができるし，私がそのように観察したデータをあなたは同じような方法で観察し，確認することができる。つまり，土星の観察データは客観的である。また，土星は観察者から独立に存在するとも言える。ところが，あなたの心（意識）を私が土星を観察するのと同じように観察し，確かめることはできない。したがって，あなたの内面はあなたの観察の報告を通してでなければ知ることができない。つまり，内観法による報告データは土星の観察データのような客観性をもっていないということである。この点が，のちに大きな学問的問題となった。

[3] 行動主義心理学

　アメリカの心理学者，ジョン・ワトソン（John Watson）は，心理学は客観的，実験的自然科学の一部門でなければならないと主張し，行動主義（behaviorism）と呼ばれる心理学を提唱した。行動主義心理学は，1910年代から1950年代までアメリカを中心に心理学界を席巻した。

　ワトソンが問題にしたのは，ヴントの心理学の研究対象が「意識」である限り，本質的に主観性の問題は解消できず，自然科学の必要条件である客観性が保てないということであった。そのため，参加者の自己観察報告に依存する内観法を批判，否定した。では，ワトソンはどのようにこの問題を克服しようとしたのだろうか。彼は研究対象を意識ではなく，直接観察できる行動に替え，心理学の目標は行動の予測と制御であるとした。その結果，「心」や「意識」，「内面状態」というような概念を否定してしまったのである。

　しかし，その後1950年代になると，行動主義心理学は行き詰まりを見せる。内面状態を否定し，外界からの刺激（stimulus）と生体による反応（response）のみによって行動を説明しようという S-R（刺激–反応）理論では，比較的単純な行動は説明できても，複雑な行動はうまく説明できないということが次第に明らかになってきた。たとえば，新行動主義の中心的存在であったスキナー（B. F. Skinner）の著書『言語行動（Verbal Behavior）』は，言語学者のチョムスキー（N. Chomsky）によって酷評された。この批評の中でチョムスキーは，たとえば，言語能力また言語行動は非常に複雑で，行動主義的学習理論では，その複雑な言語能力が

生後わずか2，3年で発達するという事実を説明できないと主張した。

[4] ゲシュタルト心理学

　すでに述べたように，ヴントが創始した実験心理学は，意識は要素的な感覚が連合して構成されると考える要素主義また連合主義の立場に立っていた。これに異を唱えて成立したのがゲシュタルト心理学（Gestalt Psychology）である。この学派の創始者と言える人物は，ウェルトハイマー（M. Wertheimer），ケーラー（W. Köhler），コフカ（K. Koffka）の三人である。この三人の出会いには次のようなエピソードがある。1910年の夏，ウェルトハイマーは休暇のためオーストリアのウィーンからドイツのライン地方へ向かう途中，汽車の中で新しい実験のアイデアを思いつき，途中のフランクフルトで下車した。彼は街でおもちゃのストロボスコープを買い求め，ホテルで予備実験を行った。当時フランクフルト大学には，知り合いのシューマン（F. Schumann）が教授としてちょうど着任していたので，ウェルトハイマーは彼から実験室を借りて，その秋から冬にかけて本実験を行った。その実験というのは，仮現運動（apparent movement）といわれる現象（第3章参照）に関するもので，アニメーションのように次々に提示すると動いて見えるような図形を作り，それらの図形が運動しているように見えるためにはどのような条件が必要かを調べるというものであった。そのとき，実験の参加者として協力したのが，ケーラーとコフカだった。これを契機に，この三人は協力して研究を進め，ゲシュタルト心理学と呼ばれる心理学の流れを築いていった。

　ゲシュタルト心理学は，ヴントの心理学を要素主義，連合主義的であるとして「レンガとモルタル」の心理学と批判した。要素（レンガ）が連合プロセスというモルタルでつなぎ合わされているというのである。ゲシュタルト心理学の影響は心理学のさまざまな分野に見られるが，行動主義心理学から認知心理学への潮流の中に埋没する傾向があったことも否めない。しかし，ギブソン（J. J. Gibson）の「アフォーダンス: affordance」の概念に代表される生態学的知覚論に関心が高まるにつれて，ゲシュタルト心理学にも再び注目が向くようになった。

[5] 認知心理学の成立

　第二次世界大戦後，行動主義心理学に対抗する動きが出てきた。言語学者のチョムスキーは自らの言語理論において，言語（文法）を説明するためには，実際に話されたり書かれたりする文（表層構造: surface structure）とは異なる，より抽象的な意味（深層構造: deep structure）が心的に生成されると考えなければならないと主張し，大きな影響を与えた。また，この頃登場したデジタル・コンピュータによって急速に発展する情報科学がこの流れに影響を与えた。ウィーナー（N. Wiener）によって始められたサイバネティクス（cybernetics）やコンピュータに人間の知能を実現させようという人工知能（artificial intelligence）の研究が始まると，コンピュータの構造と処理プロセスを人間の脳（あるいは認知機能）に当てはめて説明しようという発想が生まれてきた。そして，ブラックボックスである「心」の構造やプロセスをコンピュータという情報処理システムの構造やプロセスから解明しようとした。これが，認知心理学（また，より広くは認知科学）と呼ばれる分野に発展していった。

　認知心理学の基盤となる考え方は，「機能主義: functionalism」と呼ばれる。機能主義によれば，脳もコンピュータも，情報処理という知的行動を生起させるのだから，その同じ機能のみに注目し，それを実現する物理的基盤（脳の構造やコンピュータの構造）は問題にしなくてよい。つまり，心という非物理的存在は，脳という物理的基盤の上に成り立っているが，脳が果たしている機能として，脳とは切り離して独立に論じることができるということになる。ちょうど，コンピュータ・プログラムのアルゴリズムを考えるときにハードウエアと切り離してできるというのと同じである。この考え方をよく表しているのが，マー（Marr, 1982）が述べ

た認知現象のレベルである。彼は，「物理的構造（ハードウエア）」「表現とアルゴリズム」「計算論」の３段階のレベルに分け，認知科学は「表現とアルゴリズム」のレベルを解明する分野であるとした。

　このような考え方から，「記号計算主義」というアプローチが出てきた。これは，コンピュータが記号の組み合わせによって情報を表現するように，心の状態は記号的に表現（表象）できるというものである。そして，コンピュータが記号の形式的操作（これを「計算: computation」と呼ぶ）によって情報処理を行うように，心はこの心的表象に対して計算を行う記号処理システムであるという考え方である。果たして心の状態が記号的に表象できるかどうかという問いは，その後大いに議論されることとなる。ここで重要な点は，行動主義心理学によって否定された「心」という概念が，心的表象や情報処理（計算）という概念によって再び心理学の研究対象として復活したということである。

2 人間の心と行動を理解する視点

　「心理学の成り立ち」で概観したように，心理学は 19 世紀末に哲学から〈独立して〉ひとつの学問分野として発達してきたが，その歩みは心理学を科学の一分野としようという試みであったと言ってよいだろう。今日，心理学の研究者のほとんどは心理学は科学であると考えている。しかし，あとで述べるように，心という非物質的な存在（存在するとしてだが）が厳密な意味で科学の対象になるかどうかは議論の分かれるところである。そこで，心理学とはどのような学問なのかを理解するにあたって，まず，科学とは何かをここで考えてみよう。

[1] 科学革命と近代科学の考え方

　近代になるまでは，知識というものは現代のように専門化，分化していなかった。この世界の成り立ち，人間の成り立ち，人生の生き方，神とは何か，など諸々の問題について探求する知的活動は有機的に一体化された全体知であったのである。日本語の「科学」は，英語で言えば science だが，この英単語はもともとラテン語の *scientia*（スキエンティア）に由来する。*scientia*（スキエンティア）は，*scio*（スキオー「知る」）の派生語で，その意味は「知識」である。つまり，「科学（自然科学）」という限定された知識を指すのではなく，知識全体を指していたのである。近代になって，それぞれの知的探求が専門化していき，知識の分科が成立していった。西洋の科学（自然科学）が日本に本格的に紹介されたのは明治維新以降であるが，その頃には，西洋では近代的知識の分科がかなり確立しており，日本人の目には西洋の知識は，多くの「科」に分かれた学問であるように映ったに違いない。「科学（自然科学）」と呼ばれるようになる学問は，まさに自然のあり方に関する「知識の分科」という意味で明治の知識人は「（自然）科学」という名称をつけたのであろう。

　西洋における近代科学は，17 世紀に起こった科学革命によって成立した。科学革命とは，それまでアリストテレスの自然学をもとにした世界（自然）の見方から，観察や実験に基づいて自然界の現象を数学的な法則として捉える世界観への変革である。その主な担い手にガリレオ，デカルト，後にニュートンらがいる。

　近代科学は，宗教（具体的には，西洋におけるキリスト教）との対立をもたらしたと思われがちだが，実は，近代科学の成立にユダヤ・キリスト教的世界観が根底にあることも事実だ。科学的思考におけるユダヤ・キリスト教的基盤の１つは，自然は神の創造物であるという思想である。神は混沌の神ではなく，秩序の神である。したがって，神の創造された自然界にも秩序があり，それは人間の理性によって論理的に理解し説明できるものであるはずだという前提である。「近代科学の父」とも言えるガリレオは，カトリック教会の宗教裁判にかけられたが，

それは彼がキリスト教の信仰を否定したからではない。ガリレオは，決して人々に好かれるような人物ではなかったが，れっきとしたキリスト教信者であった。つまり，彼は聖書に啓示された神の存在を疑ってはいなかったし，自然も神の言葉から出たものであると信じていた（前述のデカルト，ニュートンもそうである）。「神は二冊の書物を書いた」という言葉に象徴されるように，自然も聖書と同様神が著した書物であり，神の意図が表現されていると考え，自然界の振る舞いは自然現象の観測結果と理論的証明によって説明されるべきと考えたのであった。これが，当時，アリストテレスの自然学を当てはめた聖書解釈によって自然界の振る舞いを理解していたカトリック教会の反感を買ったのである。

　近代科学の根底にあるユダヤ・キリスト教的世界観のもう1つの重要な点は，「擬人化の否定」であると言われる（村上，1986）。ユダヤ・キリスト教以外の世界観では，自然界を擬人的に捉え，その振る舞いを説明しようとする。多くの神話がその例と言えるだろう。世界には古代以来ほとんどの文化において，自然界の振る舞いを擬人的に説明しようとする神話や伝説が成立している。西洋哲学の基礎を築いた古代ギリシャにあっても，ギリシャ神話に表されているように擬人化された世界観があった。それに対し，ユダヤ・キリスト教的世界観は，創造主であり人格をもった神と被造物である自然界を峻別するというヘブライの自然観に基づいている。このような考え方の方が実は特異なのである。そして，人間は，神の似像としてかたどられた（人格を与えられた）存在として，自然から切り離された存在とされる。ここに，観察する主体である人間と観察される対象（客体）としての自然という対比が成立する。つまり，自然界は「もの」（物質）であり，主体である人間が客観的に観測できる存在者であるという近代科学の根本的前提の根拠が成立する。このような世界観のもとでは，自然は因果律によって支配される機械のような存在と見なされるのである。この考え方が後に時計などの機械技術の発達にともなって，自然の振る舞いをそれらの機械をモデルに説明しようとする機械論的世界観へとつながっていくのである。

[2] 心脳問題

　科学一般について少し長く論じたが，それには理由がある。心理学を英語では「psychology」と呼ぶが，この語は「psycho」と「logy」からできている。前半の「psycho」はギリシャ語の *psyche* を語源とする。この語は生命現象を表す概念で，もともと生きている肉体を取り除いたあとに残る影のようなものを意味したところから，魂というような概念にもつながる。この概念はユダヤ・キリスト教にも当てはめられ，人間は被造物として物質的存在であるが，同時に神から魂・心を与えられた存在とされる。先ほど触れたように，観察する主体，つまり主観のもち主としての人間にはこの魂（心）が必須の要素となる。

　反面，観察対象を客体化する科学の視点からすると，人間を研究対象とした場合，この魂（心）をもった人間というのは，その大前提に反する存在となってしまうのである。つまり，人格をもつ人間は，観察対象としては，まさに「擬人化」されてしまうわけで，それを排する自然科学の範疇にはおさまりきらない存在となってしまうわけである。そうなると，必然的に，科学が扱う生命現象から「心」という概念が払拭されなければならなくなる。その結果，近代科学の還元主義的機械論に基づいて，生命現象は原理的には「もの」の振る舞いとして説明できるはずだという考えに行き着く。この考え方の流れは，自然科学から見れば自明であり，演繹的に導かれる結論である。そして，実際近代自然科学は「心」の問題をその研究対象から排除してきた。

　心理学の歴史で見たように，19世紀末に成立した近代心理学は，科学となるべくその方向性を定めた。ここで当然の結果として大きなジレンマを抱えることになった。そのジレンマとは何か？　本書を読みながら考えてみてほしい。

3 心理学の方法

　ここまで，心理学の歴史を概観するとともに，科学とは何かについても考えてきた。これまで見てきたように，心理学は非物質的な「心」を研究対象とするため，心理学の科学性について議論もあるが，現代心理学は広い意味で科学の一分野であると言ってよいだろう。なぜなら，それは心理学も他の諸科学で採用されている研究方法に従って研究を進めるからである。では，科学的研究方法とは何だろうか。簡単に言えば，仮説設定とその検証である。

　この世界がどのように成り立ち，それがどのような仕組みになっているのかの説明を言葉や数式などを利用して表現したものが理論やモデルと言われる。理論やモデルは，人間（具体的には，研究者）が考え出したものであるから，それが正しいかどうかを確かめる必要がある。これが検証である。すなわち，観察や調査や実験などの手続きを通して，着目する事象についての情報を収集し，この情報に基づいて仮説が正しいかどうかを判断する。このように収集される情報をデータと呼ぶ。データは，多くの場合数値化されたものである。長さや重さ，所要時間，容量などがデータの例である。物質的なもの，たとえば人体であれば数値化はそれほど難しくはない。しかし，心理学の研究対象である「心」は数値化できるのだろうか。心理学は，その歴史の中でいろいろな計測方法を工夫し，（すべての心の現象のすべてではないが）数値化してきた。反面，数値化することによって，抜け落ちてしまう情報があることも確かであり，心理学では数値で表さないデータを使うこともある。これを質的データと呼ぶ。

[1] 実験法

　心理学のデータ収集方法には，大きく分けて観察法，面接法，調査法，実験法がある。ここでは実験法について述べる。まず，世界のさまざまな事象は，「変数」あるいは「変項: variables」として捉えられる。たとえば，われわれはどれくらいの高さの音に反応できるかという問題を考えてみよう。話を簡単にするために正弦波（音叉でつくる音）を考えよう。この正弦波は周波数を変化させることによって音の高さが変わる。つまり音の高さは変数である。その他にも音の大きさなどに関わる変数がある。さて，次に人間の側であるが，ヘッドセットから音を出し，音が聞こえたらボタンで反応してもらうとしよう。この場合「ボタン反応」が変数となる。つまり，ボタンを押すか押さないかという2つの値をとる変数である。「ボタン反応」には，反応速度という変数もある。刺激音が与えられてからどれくらいの時間で反応できるかを示すものである。この実験では，刺激音の周波数を変化させることによって，参加者が刺激音に対してボタンを押すか，押さないかを観察する。

　実験法では，いくつかの変数に着目し，ある変数が実験者の人為的操作によって変化するとき，別の変数がどのように変化するかを観察する。操作される変数のことを「独立変数: independent variable」，その影響を受けて変化する変数を「従属変数: dependent variable」と呼ぶ。したがって，この場合，独立変数は刺激音の周波数，従属変数はボタン反応ということになる。

　では，別の例で心理学実験の方法と課題（問題点）を考えてみよう。音楽を聴きながら勉強する学生も多いだろう。いわゆる「ながら族」である。「ながら族」の中には，音楽を聴きながら勉強する方が集中できると言う人もいる。果たして本当だろうか。これは立派な心理学的問題である。この「ながら族」の主張を仮説として，それを検証する実験を考えてみよう。この先を読み進める前に，自分で実験計画を作ってみるとよいだろう。

　この仮説を実験的に検証するにあたって，まず「独立変数」は何だろうか。「勉強するときに音楽を聴くか，聴かないか」である。実験では，音楽を聴かせる条件と聴かせない条件を用意する。つまり，この独立変数は2水準の値をとる。次に「従属変数」は何になるだろうか。

勉強中の集中度である。この実験では，何らかの方法によって集中度を計測するわけである。

　　もう少し具体的に実験を考えていこう。心理学実験では，参加者にある課題を与えてそれを実行してもらうという方法をよく採用する。この場合，参加者（大学生を想定しよう）に実験室に来てもらい，自分の勉強（たとえば宿題）をやってもらうという方法も考えられる。この方法で問題はないだろうか。答えは「問題あり」である。この方法では人によって実験中に行う課題が異なってくる。ある人は教科書を読み，ある人は英語のエッセイを書き，またある人は微積分の計算問題を解くというようにばらばらになってしまい，都合が悪い。なぜなら，課題の難易度が人によって異なってしまい，同じ基準で集中度を計測することができなくなってしまうからだ。実はこの課題の難易度も変数の1つである。今述べた理由により，課題の難易度は統一したい。これを変数の統制（control）と言う。同じ課題を与えることによって，課題の難易度を統制することができる。では，どのような課題を与えたらよいだろうか。たとえば，四則演算の計算問題（例，12＋23＝　など）をたくさん用意して，一定時間にできるだけ数多く正確に解いてもらうという課題が考えられる。計算問題自体は，大学生ならば難しくて解けないということはないが，集中度によって正答率が上がったり下がったりするし，解ける問題数も変化すると予想される。そうすると，「従属変数」は正解できた計算問題の数ということになる。

　　次に実験条件であるが，さきほど見たように，音楽を聴かずに課題を行う条件と音楽を聴きながら課題を行う条件がある。ここで，どのような音楽を聴かせるかという問題があるだろう。音楽といっても千差万別で，一概にどの音楽も同じような心理的影響が想定されるとは考えがたい。ロック・ミュージックとクラッシックの室内楽では音楽の特徴がかなり異なる。ここでは話を簡単にするために，「音楽あり条件」では，ある特定の楽曲を1曲だけ使うことにする。

　　次にこれらの実験条件に対しどのように参加者を割り当てるかを考えよう。これら2条件にそれぞれ10人の参加者を割り当てるとする。参加者の割り当てには大きく2つの方法がある。1つは，各条件に同数の参加者を割り当てる方法である。つまり，合計20人の参加者を集め，最初の10人を「音楽あり条件に」他の10人を「音楽なし条件」に割り当てるのである。これを「参加者間計画: between-participants design」と言う。もう1つは，すべての参加者にすべての条件で課題をやってもらう方法である。この場合，すべての参加者が，「音楽なし条件」と「音楽あり条件」で，計算課題を行う。この方法を「参加者内計画: within-participants design」と言う。いずれの方法にも長所と短所があり，どちらがよいかは一概に言うことはできない。たとえば，参加者内計画を採用すれば，参加者は全員両方の条件で課題を行うので，10名集めればよい。これが，参加者間計画ではそれぞれの条件に10名ずつ，合計で20名の参加者が必要になる。一方，参加者内計画にした場合，当然参加者はどちらかの条件での課題を先に行い，その後もう1つの条件で課題を遂行することになる。どちらの条件でも同じような計算問題を解くのだから，一度計算課題をやると課題に慣れて次の課題の成績が上がることがありえる。また一方，一度計算課題をやった後，その疲れが残って次の条件の課題遂行の能率が下がるかもしれない。このような複数課題による影響を「順序効果: order effect」と言い，条件間で計算課題成績に差が出た場合，音楽の有無という条件が原因なのか，順序効果によるのかが，弁別できなくなるという問題が起きる。これは参加者内計画の短所で，何らかの対策を講じなければならない。よく使われる対策に「カウンターバランス: counter balancing」という方法がある。この場合，10名の参加者のうち5名は，まず「音楽なし条件」で，次に「音楽あり条件」で実験を行う。残りの5名は，その逆の順番で実験を行う。こうして，順序効果を相殺することができる。

　　参加者間計画を採用した場合は，「音楽なし条件」の参加者と「音楽あり条件」の参加者が異なるため，人によって集中力のある人と気が散りやすい人がいるように，持ち前の集中力に

は個人差があると考えられる。参加者の持ち前の集中力が，「音楽なし条件」のグループと「音楽あり条件」のグループで差がないことを保証しないと，条件間に成績差が認められても，それが条件の違いによるのか，持ち前の集中力のグループ差なのか弁別できないという問題が生じる。この問題の対策でよく使われるのは，実験群（音楽あり条件）と統制群（音楽なし条件）に参加者を無作為に割り当てる（random assignment）のである。これによって2グループは等質であると想定できる。

　実験法の最大の利点は，因果関係を導くことができるところにある。つまり，独立変数の変化に従って，従属変数が変化すれば，独立変数を原因として従属変数の振る舞いが決定されると結論できるのである。ところが，参加者割り当てに関わる問題点は，この因果関係の検証を不可能にするもので，実験計画をするうえでまずこのような問題が起きないように配慮しなければならない。

　科学理論やモデルが意味をもつためには，それが一般的に多くの事例を説明できなければならない。つまり，普遍性をもつ必要がある。「ながら族理論」もあなただけに当てはまるものであったら，誰も興味をもたないだろう。実験法でデータを収集し，仮説を検証する場合は，その結果がどの程度まで一般化できるのかを把握しておかなければならない。

［2］調査法・面接法・観察法

　心理学の研究法には，実験法以外にも重要な研究法として調査法，面接法，観察法がある。以下にその概要を述べる。

　1）調査法　研究の目的に即した質問項目を作成し，研究対象である回答者に回答を求め，データを収集する方法である。性格検査にも，こうした質問紙を用いた方法がある（質問紙検査法）。質問紙検査法においては，測定しようとするものを的確に測定しているか（妥当性），測定したものが信頼でき安定しているか（信頼性）が大切となる。

　また，ある事象や出来事に対する態度や考え方を調べる際にも調査法が用いられる。調査法においては，目的にあった質問項目を用意するだけでなく，その表現にも注意が必要となる。たとえば，次の質問に答えてみよう。①「規則を曲げて無理な仕事をさせることもあるが，仕事以外でも人の面倒をよくみる課長」を「よい」と思う？②「仕事以外でも人の面倒をよくみるが，規則を曲げて無理な仕事をさせることもある課長」を「よい」と思う？

　実は，①と②は，質問の前後を入れ替えただけである。しかし，結果は，①では84％が「よい」と答え，②では「よい」という答えは，47％に減ってしまう（天声人語2011年10月28日）。語順を変えただけで質問から受ける印象，回答する人の心理が変わってしまうのである。

　2）面接法　相手と向き合い，対話によって相手を理解する方法を面接法と言う。相談相手（来談者）や志願者との対話を通して，人物を理解し相談に応じたり，採用を決めたりするなど，面接法は広く用いられる。来談者を深く理解し，悩みや問題解決を図るカウンセラーなど臨床場面，あるいは児童・生徒の特性を把握し，進学相談や教育的効果を図る学校場面などでは，とくに大切な手法となる。

　面接者が，目的に即してあらかじめ質問項目を決定し構造化がなされている場合，これを構造化面接と言う。逆に，きちんとした質問項目を決めずに行われる面接を自由面接，その中間的なものが半構造化面接である。

　3）観察法　観察法には，自然的観察法，実験的観察法，参与的観察法などがある。

　自然的観察法は，被観察者や現象をありのままに観察し記録する方法である。大学キャンパスや図書館に出入りする人物の行動を観察し，人数や距離の取り方，滞在時間などを記録し，親密度を推測するなどがこれにあたる。一定の時間間隔をおいて観察する時間見本法と，特定

の行動や動作が見られた際にチェックする行動見本法がある。

　実験的観察法は，観察場面に統制を加え，そこで生じた事象や被観察者の行動を観察，記録する手法である。実験的観察法は，観察法よりも実験法として扱われることもある。

　参与観察法は，観察者が観察する対象に入り込んで観察を行う手法である。祭りの際に，観察者自身が祭りの担い手となり（山車を引くなど），そこで生起する事象や被観察者の行動を観察するのがこれにあたる。

　いずれにせよ，観察者の視点を取ることは，心理学研究の基本と言える。

参考文献

Harris, P. (2010). *Designing and reporting experiments in psychology* (3rd ed.). Maidenhead, UK: Open University Press.

伊東 俊太郎（2007）．近代科学の源流　中央公論新社

小林 道夫（2009）．科学の世界と心の哲学　中央公論新社

Mandler, G. (2007). *A history of modern experimental psychology*. Cambridge, MA: MIT Press.

Marr, D. (1982). *Vision: A computational investigation into the human representation and processing of visual information*. San Francisco, CA: W. H. Freeman and Company.

村上 陽一郎（1986）．近代科学を超えて　講談社

村上 陽一郎（2009）．科学者の模範ガリレオ？　現代思想, *37*, 52-54.

信原 幸弘（編）（2017）．心の哲学　新曜社

小野寺 孝義・磯崎 三喜年・小川 俊樹（編）（2011）．心理学概論：学びと知のイノベーション　ナカニシヤ出版

大山 正・岡本 夏木・金城 辰夫・高橋 澪子・福島 章（1990）．心理学のあゆみ［新版］　有斐閣

サトウ タツヤ・高砂 美樹（2003）．流れを読む心理学——世界と日本の心理学　有斐閣

Ψ Chapter 2
心理学と神経科学

直井 望

　この章では，心理学の対象となってきたヒトの「こころ（心）」や行動に，脳のはたらきがどのように関連しているか，ということを考えていく。脳の構造や機能について研究する学問分野を神経科学と呼び，心理学と融合することによってヒトのこころや行動と脳の関係についてさまざまな検討がなされてきている。

1 脳の構造と機能

　こころと行動，脳との関連を検討する前に，まず脳の構造について概括したい。脳は神経細胞（neuron）により構成されている。神経細胞が集まった領域を神経系（neural system）と呼び，大きく中枢神経系（central nervous system）と末梢神経系（peripheral nervous system）の2つに分けることができる。中枢神経系は脳（brain）と脊髄（spinal cord）より構成される。末梢神経系は，脳から出ている脳神経と脊髄から出ている脊髄神経からなり，感覚器官からの情報を中枢神経系に伝達したり，中枢神経系からの運動の指令を末梢の筋肉に伝えたりする機能をもつ。

　中枢神経系の脳は，さらに大脳，脳幹（延髄，橋，中脳），小脳に分けられる（図2-1を参照のこと）。脳の中で最も大きい領域が大脳（cerebrum）であり，左右の半球に分けられる。また，大脳は表層である大脳皮質（cerebral cortex）とより深い領域である皮質下領域（subcortical region）に分けられる。大脳皮質に「しわ」があることはよく知られているが，しわのくぼみを溝，溝と溝の間の外側に出ている部分である回と呼ぶ。とくに目立つ溝である外側溝と中心溝によって，大脳皮質は大きく前頭葉（frontal lobe），頭頂葉（parietal lobe），側頭葉（temporal lobe），後頭葉（occipital lobe）に分けられる。このように，中枢神経系はいくつかの部位から構成されており，細かい領域に分けることができる。

　それでは，脳はどのように働くのだろうか。脳のはたらきについては，脳は全体として一体となって働くという脳機能の全体論（holism）と，脳の異なる部位が異なるはたらきを担っているという脳機能の局在論（localism）があり，歴史的にさまざまな議論が行われてきた。17世紀のフランスの哲学者デカルト（Rene Decartes; 1596–1650）は，身体とこころ，つまり精神機能は独立した存在であり，精神は物体性をともなわないと主張した。そして，身体とこころの交流を媒介しているのが，大脳の皮質下にある松果体（pineal body）という部位であると考えた。デカルトが松果体に注目したのは，松果体が脳の中央部にあり左右半球に分かれていない唯一の部位であるように見えたからであるようだ。現在では，松果体は脳の他の部位と同様に左右半球に分かれており，ホルモンの分泌などの重要な機能をもつものの，ヒトのこころの機能に特化した部位ではないことが明らかになっている。

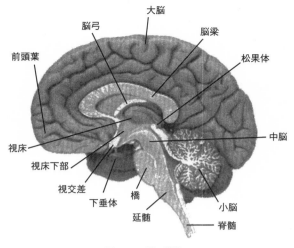

図 2-1.　脳・脊髄。

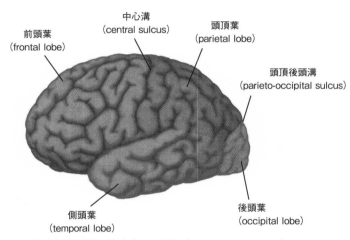

図 2-2.　**大脳皮質の分類**（左半球の側面図）（Gazzaniga et al., 2009）。

　18 世紀にウィーンの医師で神経解剖学者であったガル（Franz Joseph Gall; 1758–1828）は，ある精神機能をよく使用するということは，それに対応する脳領域をおおう頭蓋骨の形を変えると考えた。ガルの考えは，頭蓋骨の形状と脳の機能対応関係を調べる骨相学へと発展した。ガルが骨相学の研究の結果から作成した脳の機能地図によると，物体の形や大きさの処理や，音の処理などの感覚処理だけでなく，自尊心（self-esteem）や希望（hope）など多岐にわたる精神機能について対応する頭蓋骨の部位が同定されている。言語機能は目のすぐ下あたりに局在しているとされているが，後に，ガルの脳地図は科学的に間違いであり，言語機能も脳の異なる部位に局在していることが判明している。しかし，脳の異なる部位が異なる機能をもつというアイディアとその仮説を検討するための研究はガルに始まったと言えるだろう。

　フランスの生理学者フルーラン（Jean Pierre Flourens; 1794–1867）は，ガルの主張に疑問を抱き，動物の脳を部分的に損傷し，それが動物の行動にどのような影響を与えるか実験した。その結果，脳のどの部分を損傷するかではなく，損傷の大きさが動物の行動に影響を与えることを示した。つまり，脳は全体として機能し，部位による脳機能の局在はないと考え，ガルの骨相学を批判した。

　脳機能の局在論と全体論に一石を投じたのは 19 世紀のブローカ（Pierre Paul Broca; 1824–1880）とウェルニッケ（Carl Wernicke; 1848–1905）の症例報告である。1861 年，フラ

ンスにおいて，ブローカは，病気の進行によって脳を損傷し言語の理解はできるものの発話は「タン」しか言えなくなってしまったルボルニュという患者について報告を行った。この患者の死後に解剖が行われた結果，左半球の前頭葉の一部に損傷が確認された。また，1874 年ドイツのウェルニッケは，言語表出は流暢にできるものの，音声言語の理解が困難になる症例を報告した。この患者の損傷部位はブローカの患者の損傷部位とは異なり，左半球の側頭葉の一部であった。ブローカとウェルニッケの症例報告により，言語の表出と理解という異なる機能が，前頭葉と側頭葉の異なる部位に，それぞれ局在する可能性が示された。また，大脳は左右半球に分けられるが，言語機能の障害が左半球の脳部位の損傷で引き起こされることから，半球による機能局在もあることが明らかとなった。

　その後，脳損傷のある患者を対象とした研究が多く行われ，大脳皮質にさまざまな機能が局在することが明らかとなった。大脳皮質の 4 つの葉のうち，聴覚の処理は側頭葉，視覚の処理は後頭葉，触覚などの体性感覚は頭頂葉に機能局在がある。前頭葉は部位によって，ワーキング・メモリや情動，注意，そして運動に関連する領域などさまざまな機能が局在している。さらに研究方法の開発によって，脳が非常に複雑なネットワークで働いていることが分かってきた。

2 損傷研究

　ここまで述べてきたとおり，脳の機能局在は，病気や事故などの理由で脳を損傷した患者を対象とした損傷研究（lesion studies）を用いて検討がなされてきた。損傷研究の方法とは，脳の一部に損傷を受けた患者を対象に，損傷によって失われた機能を調べるというものである。

　有名な損傷患者として，フィネアス・ゲージ（Phineas Gage）の例がある。ゲージは，米国人で，1848 年 9 月 13 日工事現場を監督中に，鉄の棒が左頬から前頭部に突き抜けるという事故に遭い左目を失明したが，一命は取り留めた。しかし，事故後，人格が一変し，行動が衝動的となり不道徳的な行動や，他人を不快にする言葉を発するようになった。彼の事故後の変貌ぶりは，ゲージの友人の「彼はもはやゲージではない（"no longer Gage"）」という発言にも表されているほどであった。ゲージの死後，保存されていた頭蓋骨から，ゲージの脳の損傷部位は前頭葉の眼窩部と呼ばれる部位であることが明らかになった。この部位は，情動の抑制に関連しており，ゲージの不道徳で衝動的な行動は，情動を抑制することの障害であった可能性がある。

　もう 1 つの有名な損傷研究は，名前のイニシャルから H. M. と呼ばれた患者についての報告である。1953 年，H. M. は，27 歳のときに交通事故の後遺症によって生じていた重度のてんかん（脳の神経細胞の過剰な活動によって起こるけいれんなどの発作）を治療するため，海馬（hippocampus）と呼ばれる皮質下の領域を切除する手術を受けた。その結果，てんかん発作は起きなくなったが，新しい出来事を記憶することが困難になる重度の記憶障害を呈するようになった。このことから，海馬は記憶に関与していることが推測される（第 4 章第 1 節参照）。

　これらの損傷研究から，脳の損傷部位と失われた機能についての関連が検討されてきた。しかし，損傷研究にはさまざまな問題点もあった。第一に，ゲージの例のように，損傷部位が患者の死後同定されることが多かったため，損傷部位が正確には分からないということがあった。ゲージの損傷部位は，死後長年経ってから，博物館に保存されていた頭蓋骨からコンピュータを用いたシミュレーションによって判明した。また，H. M. の損傷部位についても，てんかんの手術を担当した医師の記憶に基づいて判断されていたが，その後かなり経ってから開発された脳機能計測法（詳細は後述）によって脳の画像を撮影したところ，担当医師の記憶とは異なる領域の切除が見られたという結果であった。

　さらに，最も重要な点として，損傷部位と障害された機能との関連を推測することの困難がある。脳のある部位（部位Aとする）が損傷し，その結果ある機能（機能Aとする）が障害されたとしても，必ずしも脳の部位Aが機能Aを担っていた，と単純に結論づけることはできない。なぜならば，異なる脳部位Bの損傷によっても機能Aは障害されるかもしれないし，脳部位Aの損傷は，異なる機能Bの障害も引き起こすかもしれないからである。脳部位Aが機能Aを担っている，と結論づけるためには，脳部位Aの損傷が機能Aの障害を引き起こすが，脳部位Aの損傷では機能Bの障害を引き起こさず，なおかつ脳部位Bの損傷では，機能Aの障害が引き起こされないこと，この二重乖離（double dissociation）が示されねばならない。また，ある機能を担う部位が損傷したのか，その機能に関連する部位間のネットワークが損傷したのかを同定することは難しい。さらに，損傷した部位が徐々に回復し，失われた機能が戻ることもある。さらに脳の損傷していない部位が障害された機能をもつようになる機能的代償が起こることもある。よって，損傷研究だけで脳機能を調べることは困難である。

3　脳機能の非侵襲的計測方法

　近年，ヒトがさまざまな心的な活動を行っているときに，脳の活動を測定するさまざまな脳機能計測法が開発され，こころと行動と脳の関連について，さらに詳細な検討が行われている。これらの方法は，計測対象に身体的な危害を加えないことから非侵襲的計測法（noninvasive measurement technique）とも呼ばれる。脳機能画像法には神経系の電気的変化を捉える脳波（electroencephalogram: EEG），脳磁図（magnetoencephalography: MEG）と，脳の血液の動態を捉えるポジトロン断層法（positron emission tomography: PET），機能的磁気共鳴画像法（functional magnetic resonance imaging: fMRI），近赤外線分光法（near-infrared spectroscopy: NIRS）などがある。それぞれの脳機能画像法について，原理と，長所と短所を概括する。

　脳の活動は，神経細胞の活動であり電気的な信号として捉えることができる。EEG は脳の活動に基づく電気的信号の変化を頭皮上の電極から直接記録する方法である。電流が流れるとそこには磁場が形成されるが，この磁場の変化を捉える方法が MEG である。したがって，EEG と MEG はどちらも脳の電気的変化を記録する方法である。

　一方，PET，fMRI，NIRS は，脳の電気的信号の変化にともなう脳血流の変化を捉えるものである。脳の神経細胞が活発に活動する領域は多くの酸素を消費する。それを補うために酸素をもった血液が供給される。つまり，神経活動にともない，血流量や血液の酸素化の状態（血液の酸素化ヘモグロビン濃度と脱酸素化ヘモグロビン濃度の比率で評価できる）が変化すると考えられる。よって，脳の血流の変化を記録することで，間接的に脳の神経活動を捉えることができる。

　PET では，計測の対象者にブドウ糖に似た成分の放射性物質を注入する。放射性物質は，脳内の血流量が多い部位つまり神経活動が活発な領域に蓄積する。よって，PET スキャナで放射線を検出すると活動部位の放射線の検出量も大きくなることから，脳の局所血流量を測定する方法である。

　fMRI は血液中の酸素量の変化によって，血液の磁気への反応（磁気特性）が変化する効果を利用した方法である。神経活動が上昇している脳部位では多く酸素を消費し，需要を上回る血液が供給される。また，血液中の酸素量の変化によって，血液の磁気特性が変化する。fMRI の装置では強い磁場のもと電磁波を用いて酸素化ヘモグロビンと脱酸素化ヘモグロビンの割合である BOLD（blood oxygenation level dependent）効果を測定することができる。

　NIRS は体を透過しやすい性質をもつ近赤外光を頭皮上から脳内に照射し，脳内で散乱した

表 2-1.　脳機能の非侵襲的計測法の比較

	EEG	MEG	PET	fMRI	NIRS
時間分解能	◎	◎	△	△	△
空間分解能	△	△	○	◎	○
安全性	○	○	×	△	○
維持経費	○	×	×	×	○

光を再び頭皮上で受光する。このとき，酸素化ヘモグロビンと脱酸素化ヘモグロビンは異なる光の吸収の度合い（吸光特性）をもつため，異なる波長の近赤外光を用いることで両ヘモグロビンの濃度変化を検出できる方法である。

　これらの方法にはそれぞれ長所，短所がある。EEG と MEG は短時間（ミリ秒単位）に起こる変化を捉えるのに適している。これを時間分解能（temporal resolution）に優れていると言うことができる。また，どちらも非侵襲的であり，安全な方法である。一方で，EEG には，計測で得られた電気信号が，脳のどこの部位で起きた活動を反映しているか分からない，という短所がある。EEG による信号は，信号の発信源である脳と，それを検出する頭皮との間にある脳脊髄液，頭蓋骨，頭皮に影響を受けるためである。つまり，EEG は脳の活動領域を正確に捉えるのには向いておらず，これを空間分解能（spatial resolution）が低いと言う。この欠点を補うため，近年では，多数の電極を用いることによって，活動の電源を推定する方法が開発されている。MEG は磁場を用いているため，頭蓋骨や頭皮の影響を受けにくいため，EEG と比較すると比較的空間分解能が高い。しかし，MEG の計測には高性能の磁気シールドを必要とするため，装置や維持費は高額となる。これに対して脳波は装置，維持費ともに比較的低額である。

　一方，脳血流の変化を捉える PET，fMRI，NIRS は，EEG や MEG と比較すると空間分解能が良いという長所がある。つまり，脳のどの部位で活動が上昇しているのを検討することができる。一方，神経活動が生じてから脳血流の変化が生じるまでに数秒を要するため，時間分解能は全般的に低い。

　それぞれの方法に着目してみると，PET の長所は，脳の深部の局所血流量を測定することが可能であることであるが，計測に放射性物質を用いるため，放射線に被曝してしまうことから，計測対象や回数が限定されるという短所がある。また，装置や維持費も高額である。

　fMRI の最も優れている点は，高い空間分解能（数ミリ単位）である。一方で，計測中の参加者の身体の拘束性が高い，計測中に騒音がするため聴覚刺激を用いた計測には向かない，強い磁場がかかるため心臓ペースメーカーなどを使用している人を対象にできないなどの短所がある。また，電磁波が健康にもたらす長期的影響が分かっていないため，計測回数にも限度がある。さらに，装置は高価であり，高額の維持経費も必要となる。

　NIRS は PET のように放射性同位体を用いず，fMRI のように強い磁場も用いないため，非侵襲的で安全に計測ができ，また装置が小型であるため比較的容易に計測できるという長所がある。計測対象者の身体拘束性も低いため，乳幼児を対象とした脳機能計測にもよく用いられる。一方，光を用いた計測方法であるため，光が到達しない脳の皮質下の活動は捉えられないという短所がある。装置は比較的安価であり，近年 NIRS を用いた研究も増加してきた。

　これまで述べてきたとおり，脳機能の非侵襲的な計測法には，電気的活動を直接計測する方法と，電気活動にともなう血流変化を捉える方法があり，それぞれに長所，短所がある（表2-1）。研究の目的や対象によって，適切な計測方法を選択する必要がある。

4 脳機能についての新たな発見

　通常，脳機能の計測には，安静条件と課題条件があり，それぞれの条件での脳活動を比較する。たとえば，視覚処理に関連する脳活動を調べたい場合，安静状態には「何もしない」でモニタに提示された注視点（クロスマークなど）を見続けるということを数十秒行う。その後，視覚的処理を要する課題を行う。たとえば，多くの青色の刺激の中から1つだけ赤色の刺激を探しボタンを押す，という課題をまた数十秒行う。複数の条件を設定し，たとえば，多くの四角形の刺激の中から1つ丸型の刺激を見つけボタンを押す，という条件を設定することもできる。それぞれの条件を，安静条件を挟んで複数回実施し，安静条件と比較して色の違いを検出する条件と形の違いを検出する条件での脳活動の変化を比較すれば，色や形が脳のどの部位で処理されているかを検討できるのだ。

　このような方法を用いた研究の蓄積により，人間が損傷研究で想定されたよりもはるかに複雑な脳内ネットワークでさまざまな活動をしていることが分かってきた。言語機能を例にとってみると，音声言語の理解と発話には二重経路モデル（dual-stream model）が提唱されている（図2-3）。腹側路（ventral stream）は言語の理解に関連する側頭葉から前頭葉への左右半球両側の経路であり，音韻情報を意味へと関連づける。側頭葉から頭頂葉・前頭葉への背側路（dorsal stream）は左半球優位なネットワークであり，聴覚的な信号を運動表象に変換し構音することに関連する。このようにブローカやウェルニッケの損傷研究の知見をはるかに超えた複雑なネットワークが言語機能に関連している。ガルが主張したように「脳の異なる部位に異なる機能が局在する」が，ガルに反対したフルーランが主張したように「脳は全体として（ネットワークとして）働く」のである。

　さらに，何か課題をしているときだけでなく，「何もしていない」ときに特異的に活動が見られる脳領域が発見された（Harrison et al., 2008; Raichle, 2001; Shulman, 1997）。この脳領域は後帯状皮質（posterior cingulate cortex）と前頭前野内側部（medial prefrontal cortex）という複数の領域からなり，何らかの課題を遂行しているときには活動が下がり，安静状態においてより活発に活動するのである。課題中の脳活動を知りたい研究者にとって，「何もしていないとき」に活動する脳部位が存在することは「不都合な真実」であったわけだが，このネットワークが，デフォルトモードネットワーク（default mode network）と名づけられ報告されると，そのネットワークの機能について議論が巻き起こった（Harrison et al., 2008; Raichle, 2001; Shulman, 1997）。

　デフォルトモードネットワークがどのような機能をもつかを考えるとき，われわれが「何も

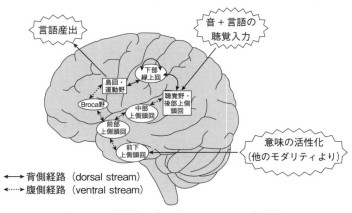

図2-3.　二重経路モデル（Ueno et al., 2011 を改変）。

していない」とき，「何をしているのか」という矛盾した問いに答えなければならない。1つの有力な解釈は，デフォルトモードネットワークは自己省察に関わるというものである。安静時には，外的な刺激ではなく「デフォルト」で自分に注意が向き，自分の過去を振り返ったり，反省をしたり，これからの将来を考えたりするような自己省察が行われると考えられる。デフォルトモードネットワークはこのような自己省察を行っているときに活動する一方，課題中には，外的な刺激に注意が向くため，自己省察に関連した脳活動は減少するというわけだ。実際，日常生活の中でよく空想などの課題に関連しない考えごと，マインドワンダリング（mindwandering）をする傾向が強い人は，デフォルトモードネットワークの活動も高いことが報告されている（Mason et al., 2007）。さらに，マインドワンダリングをする傾向が強い人は，ひらめきが必要であるような洞察課題の成績が良いという報告もある（Godwin et al., 2017）。つまり，一見ぼーっと無為に過ごしている「考えるでもなく物思いにふける」ような時間は，脳活動をアイドリング状態にすることで，ある種の課題特異的でない問題解決に役立っている可能性がある。

5「こころ」の神経科学

　人の感覚・知覚や認知機能に関与する神経機構が徐々に明らかになっており，さらにデフォルトモードネットワークの発見から，人の意識，特に主観的経験の基盤についての研究も始まっている。人の「こころ」の神経基盤は，感覚・知覚系とさまざまな認知処理との統合からなる複雑なネットワークが想定されるが，脳は環境とのインタラクションを通して変化するということも忘れてはならない。

　ロンドンのタクシードライバーの例を挙げよう。ロンドンの熟練タクシードライバーたちの脳を調べてみると，海馬の容量が増大していることが示された（Maguire et al., 2000）。さらに，ロンドンのバスドライバーの脳と比較してもタクシードライバーの海馬は大きかった（Maguire et al., 2006）。決まったルートを運転するバスドライバーと違い，タクシードライバーは，利用者の要望によって決まる目標地点への最短ルートを即座に決定し，さらに状況に応じて（工事や交通規制など）いくつかのルートのオプションの中から瞬時に選択し運転することを求められる。H. M. の損傷研究からも分かるように，海馬は記憶に関わる部位であり，道路や建物，交通ルールを熟知し，実際に運転する経験を積み重ねることで，記憶に関連する脳の構造をも変化させる可能性が示唆された。

　一方，この研究の結果は「大きな海馬をもっている人だけがタクシードライバーになれた」と解釈することもできる。生まれつき大きな海馬をもっている人は記憶力が優れており，そのような特徴はタクシードライバーになるのにプラスに働いた，という可能性である。タクシードライバーとしての経験が海馬を増大させたのか，海馬が大きい人がタクシードライバーになったのか，この謎を解くための研究がさらに行われた。

　ロンドンでタクシードライバーになるためには，非常に難しい試験に合格する必要がある。この試験は，ロンドンの 25,000 もの道路，建物や駅，公園などの所在地の位置などの膨大な知識を問うものである。通常，この試験に通過するのに 3-4 年間の月日が費やされ，不合格が続き途中で諦める人も多いという。この試験の勉強を始める前と，およそ 3 年後の試験後の海馬が比較された。その結果，試験勉強を始める前の海馬の容量には違いがなかったにもかかわらず，3 年後に試験に合格した人たちのグループにおいてのみ海馬が増大し，不合格者のグループにはこのような増大は見られなかった（Woollett & Maguire, 2011）。ちなみに，合格者と不合格者はこの試験の勉強時間にも差があり，合格者は不合格者の 2 倍の勉強時間であった。つまり，試験に合格するためのおよそ 3 年間の勉強が脳の構造さえも変化させたと考えること

ができるだろう。このような脳の構造，機能の変化はロンドンのタクシードライバーに限定されたものではない。日々の勉強，音楽やスポーツ競技の練習，病気や怪我からの回復のためのリハビリなどわれわれの行動を少しずつ変化させる日々の努力の結果，脳の構造や機能は変化し，これを脳の可塑性（plasticity）と呼ぶ。

　損傷研究や非侵襲的な脳機能計測法を用いた研究の知見は，われわれがさまざまな活動をしているときに，脳の広いネットワークを活動させていることを示唆している。脳を損傷すれば，その部位によって失われる機能があり，この点で脳は「こころの座」であると言えるだろう。一方でわれわれの行動次第で脳もまた変化する。タクシードライバーになりたいという強いモティベーションはその合格がたとえ 3 年後であっても，今日の勉強量を変化させる。日々の努力は少しずつ脳の形もはたらきも変化させる。脳の可塑性を考えてみるとき，脳は「こころ」によって変化する臓器であると考えることができるのである。

参考文献

Gazzaniga, M. S., Ivry, R. B., & Mangun, G. R. (2009). *Cognitive neuroscience: The biology of the mind* (3rd ed.). New York: W. W. Norton & Company.

Godwin, C. A., Hunter, M. A., Bezdek, M. A., Lieberman, G., Elkin-Frankston, S., Romero, V. L., … & Schumacher, E. H. (2017). Functional connectivity within and between intrinsic brain networks correlates with trait mind wandering. *Neuropsychologia, 103*, 140–153.

Harrison, B. J., Pujol, J., López-Solà, M., Hernández-Ribas, R., Deus, J., Ortiz, H., … Cardoner, N. (2008). Consistency and functional specialization in the default mode brain network. *Proceedings of the National Academy of Sciences, 105*, 9781–9786.

Maguire, E. A., Gadian, D. G., Johnsrude, I. S., Good, C. D., Ashburner, J., Frackowiak, R. S., & Frith, C. D. (2000). Navigation-related structural change in the hippocampi of taxi drivers. *Proceedings of the National Academy of Sciences, 97*, 4398–4403.

Maguire, E. A., Woollett, K., & Spiers, H. J. (2006). London taxi drivers and bus drivers: a structural MRI and neuropsychological analysis. *Hippocampus, 16*(12), 1091–1101.

Mason, M. F., Norton, M. I., Van Horn, J. D., Wegner, D. M., Grafton, S. T., & Macrae, C. N. (2007). Wandering minds: the default network and stimulus-independent thought. *Science, 315*(5810), 393–395.

Raichle, M. E., MacLeod, A. M., Snyder, A. Z., Powers, W. J., Gusnard, D. A., & Shulman, G. L. (2001). A default mode of brain function. *Proceedings of the National Academy of Sciences, 98*, 676–682.

Shulman, G. L., Fiez, J. A., Corbetta, M., Buckner, R. L., Miezin, F. M., Raichle, M. E., & Petersen, S. E. (1997). Common blood flow changes across visual tasks: II. Decreases in cerebral cortex. *Journal of cognitive neuroscience, 9*, 648–663.

Ueno, T., Saito, S., Rogers, T. T., Rambon Ralph, M. A. (2011). Lichtheim 2: Synthesizing aphasia and the neural basis of language in a neurocomputational model of the dual dorsal-ventral language pathway. *Neuron, 72*, 385–396.

Woollett, K., & Maguire, E. A. (2011). Acquiring "the Knowledge" of London's layout drives structural brain changes. *Current biology, 21*, 2109–2114.

Ψ Chapter 3
感覚と知覚

磯崎三喜年・森島泰則

1 感　覚

　人は，身の周りの世界（外界）をどう捉え認識しているのだろうか。外界からの刺激への反応として，人は何らかの感覚を生じさせる。手足や身体に触れたものに対しては触覚が，目に見える対象への反応として視覚が，音に対しては聴覚が生じる。このほか，味覚，嗅覚なども重要な感覚である。視覚，聴覚，皮膚感覚（触覚）は，外界からの物理的刺激を感覚受容器で受け取ることにより生じる。味覚と嗅覚は，化学的刺激を味蕾や嗅球などの受容器で受け取ることで生じる。このように，感覚（sensation）には，視覚，聴覚，嗅覚，味覚，皮膚感覚，そして自己受容感覚（運動感覚・位置感覚），平衡感覚，内臓感覚など8つがある。

　一見単純なことのように思えるが，感覚が生じるかどうかは，一定の条件が必要となる。また，こうした感覚が生起するのは，脳のはたらきと結びついており，感覚の生起が妨げられると，人の行動や認識に障害が生じる可能性がある。たとえば，高齢になると可聴範囲が狭まり，音が聞こえにくくなる。これは，認知機能の低下につながり，認知症を発生させるおそれがある。2017年，イギリスの医学誌に認知症とそのリスクについての論文が掲載され，「難聴」の進行を食い止めることで，リスクを抑えることができるかもしれないという（2019年9月21日付け朝日新聞）。

　では，耳の聞こえが悪いと，なぜ認知機能の低下を招くのだろうか。その説明の1つに「カスケード仮説」がある。これは耳から入る音の「入力」が減ると聴覚の神経活動が低下し，それが脳の神経にも影響して，認知機能の低下につながるという考え方である。もう1つは，「認知負荷仮説」で，耳から入ってきた音の処理と，認知的な作業のバランスが変化する。聴覚の負荷が大きくなると，その処理が重視され，認知的な作業に割く「資源」が少なくなってしまうという考え方である（同上朝日新聞）。これは，感覚器官のはたらきを維持することが日常生活に密接に関連していることを示している。

[1] 閾値という概念
1）刺激閾と弁別閾　外界の刺激を受け取り，一定の感覚が生起するには，そうした感覚を生じさせるのに必要な最小限の刺激が必要となる。あまりに刺激の強さが小さいと感覚は生じない。小さすぎる対象は見えないし，小さすぎる音は聞こえない。こうした感覚を生じさせる最小限の刺激の強さを刺激閾または絶対閾と言う。また，感覚が生起する最大限の刺激の強さを刺激頂と言う。この刺激閾と刺激頂の間が，感覚を生じさせている範囲となる。たとえば，あまりに速すぎる物体は，見ることが難しい。これは，刺激頂を超えているためである。こうした刺激の強さの違いを感じることができる最小の刺激変化量を弁別閾または丁度可知差異と

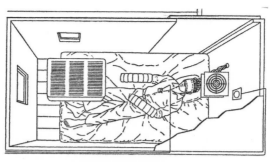

図 3-1.　感覚遮断の実験的状況（Heron, 1957）。

言う。

　したがって，刺激の強さが一定程度あり，刺激の強さの変化を感じることができ刺激頂の間にある世界，これが人の日常世界と言える。その意味で，外界の認識は，外の世界そのものではない。人は，ある限られた処理能力のもとで世界を切り取り，認識しているのである。つまり，認識できない世界がある。また，必要に応じて修正し，補いながら，自らの世界をつくり上げている。それによって，外界に適応しているのである。仮に，こうした刺激を感知できない，あるいは，刺激がまったく存在しなくなったら，われわれはどうなるだろうか。刺激のない世界は，想像を絶する世界でもある。

　2）感覚遮断　　感覚遮断（sensory deprivation）の実験は，刺激のない状況を実験的に築いたものである（図 3-1 参照）。視覚，触覚，聴覚などの感覚を生起させる刺激がない状態におかれ，その状態が一定時間を越えると，時間感覚や思考が混乱し，場合によっては幻聴や幻覚が生起するようになる。刺激のない世界は，きわめて単調であり，そこに長い間おかれると，正常な心理を保つのが難しくなる。幻聴や幻覚は，そうした世界に耐えられず，自ら刺激をつくり出そうとした結果とも言える。つまり，人は，刺激のない世界では生きていくことができず，適度な刺激を求め，それを必要とする存在でもある。人は，日常的にこうした刺激に囲まれてそれを適度に感知することによって生活しているのである。

［2］感覚の不思議

　1）重さの感覚　　物の重さを判断する際には，重さの感覚以外に視覚，触覚，さらには刺激を受け取る際の時間感覚も影響する。たとえば，同じ重さの対象でも体積の小さい方が重く感じられることがある。これは，視覚が重さの判断に影響することを示すもので，シャルパンティエ効果（大きさ－重さの錯覚: size－weight illusion）と呼ばれる。

　2）多感覚統合　　感覚相互が関わって統合的に作用することは，腹話術の例にも見ることができる。腹話術師が話していても，人形が話しているかのように感じられるのは，音源定位に関して，視覚が聴覚より優勢になることを示している。これは，視覚的捕捉と呼ばれる（櫻井，2011）。このように，人間は，視覚情報だけでなく，他の感覚を同時に利用し，感覚を統合的に働かせながら外界を捉えている。障害により視覚情報を十分に得られない人は，聴覚や触覚をより鋭敏に働かせることができる。これも多感覚統合による補足・補完と考えられ，人間のもつ適応機能と言える。

　3）感覚の鋭敏さ　　感覚の鋭敏さには個人差もある。視覚，触覚，聴覚などにおいて個人差が生じるが，このうち，最も個人差の大きいのが味覚である。同じ食べ物，料理でも人によって美味しさの感覚が異なるのは，この味覚の個人差が関係している。また，味覚は，視覚，嗅覚など，他の感覚の影響も受けやすく，雰囲気や場所の効果も見逃せない。

　感覚の鋭敏さは，個人差だけでなく，同一個人内でも部位によって異なる。たとえば，人間

の皮膚の感覚について見てみよう。細い棒の尖端を，皮膚のある部位（二の腕など）に当て，それが1本か2本かを正確に判断するのはそれほど容易ではない。指の先端なら，そうした判断は，比較的容易である。こうした敏感さの測定を試みると，尖端間の距離が十分に大きく明確に分離した2点と感じられるときと，それ以外の不明瞭な広がりをもった点や線と感じられるときがある。そして，これらの感覚が，それぞれ2分の1ずつ起こる尖端間の感覚は2点閾と呼ばれている。

　2点閾は，身体の躯幹部では大きく，四肢の先端部ほど小さくなる。たとえば，脚の大腿部より腕のほうが，そして腕よりも指先のほうが2点閾が小さく敏感であることが分かる。

　感覚の鋭敏さは，発達的・年齢的な変化もある。視覚に関して言えば，老年期になると，小さい文字は見にくくなる。視野も狭くなりやすい。また，白内障になると，水晶体が濁ることによって，対象の見え方がぼやけてしまう。聴覚についても，高齢になると高い音が聞き取りにくくなる。

　4）順応現象　一般に，同じ刺激を受け続けていると，感覚の感度に変化が生じる。これを順応と言う。たとえば，他者の発する匂い（香水など）は，すぐ感じるのに対し，自分自身の匂いには気づきにくいことがある。これは，順応により，自分の匂いに対する感度が低下しているからである。視覚においては，明順応と暗順応がある。明順応は，暗いところから明るいところに出たときに起こり，比較的早く通常の視覚が成立する。しかし，明るいところから暗いところに入ると，しばらく経たないと目が暗さに慣れず，周りが見えにくい。これは，明るいところでは，光に対する閾値が上昇していたのに対し，暗くなって光に対する閾値が下降するのに時間を要したことを意味している。つまり，それだけ順応に時間がかかることになる。

　5）同化と対比　人間の感覚は，物理的刺激の単なる総和として生起するわけではない。スイカを食べるとき，塩をかけたほうが美味しく感じることがある。これは，対比効果と呼ばれるもので，塩がわずかに入ることによって，スイカの甘みがいっそう引き立つのである。

　一般に，2つの対象の見えについても，その大きさ，色など，違いが小さいときは類似して見え（同化），違いが大きいときは違いが際立って見える（対比）。日常生活でも，苦難を経験した後のよい出来事が，より大きな喜びとなって感じられのも，一種の対比効果と言える。

　6）幻　肢　手術などで手足を切断した人が，すでになくなっている足先の痛みを感じることがある。また，切断された足が残っているかのような感覚が生じることがある。これを幻肢（phantom-limb）と言う。幻肢は，手術後においても，ある種の情緒的緊張が生起していることを示唆している。

［3］知覚の不思議

　1）錯　視　錯視とは，平面図形など対象の知覚が，実際の物理的性質そのものではなく，そこから一定の「ズレ」が生じる現象を言う（図3-2参照）。地平線近くの月が，天頂にあるときよりもずっと大きく見えるのは，月の錯視として知られている。

　2）時間知覚　楽しい時間はすぐに過ぎ去り，退屈な時間は長く感じられる。時間の感覚は，われわれの活動経験や活動水準と密接に関わっている。しかも，後から振り返ると，楽しかった時間は充実し長く思えるのに対し，退屈だった時間はあっという間だったと思えることもある。

　また，空間の知覚と時間の知覚には，相互依存の関係がある。同じ空間的位置で光点を継時的に点滅させたときよりも，空間的に離れた位置にある2つの光点を継時的に点滅させた方が，点滅の間の時間が長く感じられる。このように空間的な要因が，時間知覚に影響することをS効果と言う。

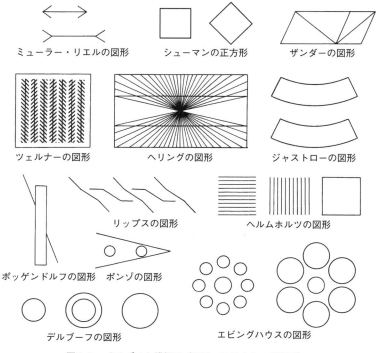

ミューラー・リエルの図形　　シューマンの正方形　　ザンダーの図形

ツェルナーの図形　　ヘリングの図形　　ジャストローの図形

リップスの図形　　ヘルムホルツの図形

ポッゲンドルフの図形　ポンゾの図形

デルブーフの図形　　エビングハウスの図形

図 3-2.　さまざまな錯視図（和田，1967 より一部修正）。

2　知　覚

　われわれ—ヒトに限らず，生物一般がそうであるが—が，この世界で生きていくためには，周囲の環境を把握し，適応的に行動する必要がある。外界を知ることに関連のある心理学概念には，すでに触れた「感覚」のほか，「知覚: perception」，「認知: cognition」がある。「感覚」は，外界からの物理的刺激に対する感覚受容器（目・耳など）での情報処理を始点とする神経生理的情報処理過程を指し，「知覚」は，外界からの感覚情報の統合と解釈にともなう経験であり，感覚情報から意味を抽出したり感覚情報に意味を与えたりする。「認知」とは，知るというはたらきの総称で，感覚・知覚・判断・記憶・推論・課題の発見と解決・言語・情動・欲求などすべてが関わる情報処理活動を指す。しかし，感覚と知覚の区別，また認知との間の区別は厳密なものではない。

[1] トップダウン・プロセスとボトムアップ・プロセス

　われわれが日常「○○を見た」，「○○が見えた」とか「○○を聞いた」，「○○が聞こえた」と言うとき，現実世界に存在するものやそこで起こる事象について，目に映ったものや耳が捉えたものをそのまま「見たり」「聞いたり」していると思っているだろう。つまり，外界からの刺激情報が感覚受容器によって神経信号に変換されて脳に送られた後，脳においてさらに情報処理が行われるという考え方である。このような感覚受容器での刺激の受容から神経系による信号伝達と進んでいく情報処理は，ボトムアップ処理と呼ばれる。しかし，ボトムアップ処理だけでは，知覚経験は生じない。外界からの情報を，自分のもっている知識や経験に基づいて解釈し，意味づけを行ったり，物理的には存在しない情報を補ったりしている。このような，高次の情報が特徴検出などの低次の情報処理に影響を与える。これをトップダウン処理と言う。

知覚は，ボトムアップ処理とトップダウン処理の相互作用があってはじめて生じるものなのである。なお，ここで言う「高次と低次」や「トップダウンとボトムアップ」という表現は，情報の流れを感覚器官を基底においてそこから上方向に処理機能を配置する情報処理システムをイメージしていることによるのであって，これらの用語はそれぞれの情報処理の重要性や優位性の差を意味するものではない。

[2] 視　覚

1) 絶対閾と目の構造　　感覚器官の代表例として，目を取り上げよう。目は，図 3-3A にあるような複雑な構造をもっている。光刺激─外界にある物体の表面で反射した光子─は，瞳孔を通過して眼球内部の網膜上に分布している光受容細胞によって受容される。すると，光受容細胞はそれに反応して神経信号を脳に送る。光受容細胞には 2 種類あり，1 つは錐体，もう 1 つは桿体と呼ばれる。錐体は，色を識別する視細胞で，赤錐体（L 錐体），緑錐体（M 錐体），青錐体（S 錐体）の 3 種類に分けられる。この 3 種類の錐体は，それぞれ約 560 nm，約 530 nm，約 430 nm を中心とした波長の光に反応する。太陽光をプリズムに通すと連続した色の帯（スペクトル）が現れる。光を波長成分（スペクトル）に分けることを分光と言う。視覚系では，光刺激に対してこれら 3 種類の錐体が，図 3-3B に示されるようにそれぞれ特徴的に反応することによって，分光と同じような機能を果たしていると言える。桿体は色を識別することはできないが，弱い光にも反応することができる。

ヒトの目で見える電磁波の波長域は，380 から 780 nm（ナノメートル）である（図 3-4 参照）。これを可視光線（visible light）と言う。可視光線よりも波長の長い赤外線や逆に波長の短い紫外線は，われわれの目では見ることができない。また，可視光線であっても，その光があまりにも弱ければ感じることはできない。では，われわれが感じることができる最小の光は

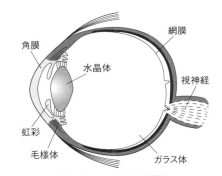

図 3-3A.　ヒトの眼球構造。

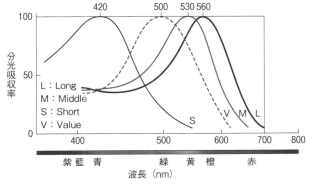

図 3-3B.　錐体と桿体の波長感受性。

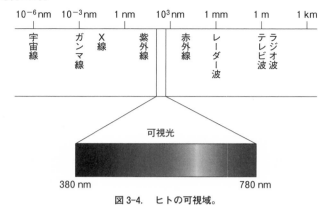

図 3-4.　ヒトの可視域。

どのくらいなのだろうか。光のエネルギーの単位はフォトン（光子）で表される。ヘクト，シュラー，ピレンヌ（Hecht, Shlaer, & Pirenne, 1942）の実験の結果，人間が検出できる最小の光エネルギーは，わずか 100 光子であった。典型的な日中であれば，毎秒数十億個の光子が目に入ってくる。さらにもっと印象的なことは，100 光子のうち実際には 7 光子だけしか視覚に対応する神経インパルスへの光の変換を担う目の中の決定的な分子に接触しない（残りは，目の他の部分に吸収される）ことを，さらにその 7 光子はそれぞれ網膜上の異なる神経受容体に作用することを，ヘクトらが示したことである。すなわち，目の光受容体内の 1 分子だけである，これが「人間の視覚が，物理的に可能なのと同じくらい敏感である」ということの意味である。

2）ウェーバーの法則とフェヒナーの法則　1840 年代，ドイツの生理学者ウェーバー（E. H. Weber）は，2 つのおもりを使って，1 つのおもり（標準重量）に対して弁別できるおもりの重量（比較重量）はどれくらいかを調べる実験を行った。このような実験から，ウェーバーは，ある感覚刺激強度 R における弁別閾 $\varDelta R$ の比（$\varDelta R/R$）が一定であることを発見した。$\varDelta R/R$ の値はウェーバー比と呼ばれ，値が小さいほど小さな刺激の差異を感覚できることを示す。さらに，ウェーバーの弟子であったフェヒナー（G. T. Fechner）は，感覚量は刺激の大きさの対数に比例するという法則を導いた。

$$R = k \log S（k は定数）$$

フェヒナーは，この法則をウェーバーの法則から導いたので，「ウェーバー・フェヒナーの法則: Weber-Fechner's Law」とも呼ばれる。

[3]　感覚記憶

　各感覚器官によって受容された外界の刺激は，神経系を通じて脳に送られ，短時間保持される。これを感覚記憶（sensory memory）と言い，それぞれの感覚系に対応した感覚記憶装置があると考えられている。したがって，われわれのもつ感覚器官に対応する感覚記憶の種類があると言えるが，心理学で主に研究されてきたのは視覚情報と聴覚情報の記憶で，前者はアイコニック・メモリ（iconic memory），後者はエコイック・メモリ（echoic memory）と呼ばれる。

　スパーリング（Sperling, 1960）は，次のような実験を行って感覚記憶を調べた。図 3-5 のように 12 個のアルファベットが 4 文字ずつ上段，中段，下段に書かれている刺激を実験参加者に 50 ミリ秒（1 ミリ秒は 1/1000 秒）提示し，その直後，何を見たかをテストした。その際，

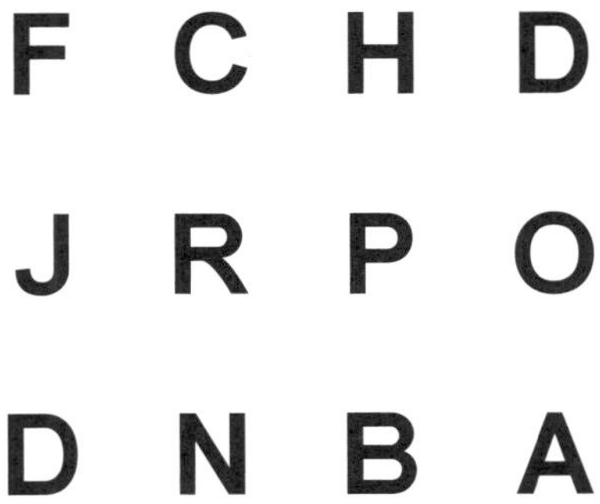

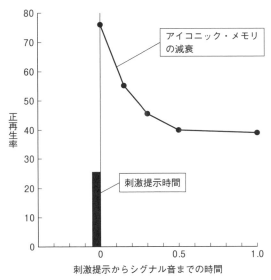

F C H D

J R P O

D N B A

図 3-5. **スパーリングの刺激例**（Sperling, 1960）。

図 3-6. **スパーリングの実験結果**（Sperling, 1960）。

高音，中音，低音のいずれかシグナル音を発し，それぞれの音によって高音なら上段だけ，中音なら中段だけの4文字を報告させた。さらに，シグナル音を発する時間を，刺激提示終了直後，150ミリ秒後，300ミリ秒後などと変化させた。どの段を報告するかはシグナル音を聞くまで分からないので，参加者が特定の段の文字だけに集中することはできない。実験の結果（図3-6）は，グラフが示すように，参加者が正しく報告できる文字数は時間が経過するにつれて減少し，1秒後には12文字すべてを報告させたときと同じ程度まで下がった。この結果について，スパーリングは，参加者が感覚記憶を使って回答していたと解釈した。つまり，シグナル音が聞こえると，参加者はアイコニック・メモリに保持されている刺激情報のうちシグナル音に対応した段に選択的に注目して報告する。アイコニック・メモリの記憶痕跡がはっきりしている間はどのシグナル音であっても正確に報告できるが，記憶痕跡が薄れてくると報告は不正確になる。1秒後には，アイコニック・メモリの記憶痕跡は消滅してしまう。

　感覚記憶は，感覚器官によって知覚された刺激をそのまま反映するような記憶と考えられている。たとえば，次ページの写真（図3-7）を一瞬だけ見て本を閉じてほしい。そのとき記憶に残っている心象がアイコニック・メモリに近いものである。それを試したら，またこのページに戻ろう。

　どうだっただろうか。今はもうはっきり思い出せないかもしれない。とくに，そこに描かれていたものが何であったか判別できなかったら，さらに難しいであろう。感覚記憶（この場合

図 3-7.　すぐには判別しにくい写真（Gregory, 1970）。

はアイコニック・メモリ）は，言ってみれば，実物のコピーのような心象である。つまり，あの複雑な黒と白の模様の心象である。したがって，感覚記憶に含まれる情報量は大きいと言える。反面，保持時間は非常に短く，スパーリングの実験が示すように1秒はもたないであろう。感覚記憶のもう1つの特徴は，保持されている情報が，それが人物の絵であるとか，建物の絵であるという認識をもって保持されるのではない点である（とくに，図3-7はじっくり見なければ何が描かれているのかよく分からない）。何の写真であるかを捉えるというパターン認識はもっと後の情報処理過程によって行われると考えられている。これについては後で触れる。

[4] 奥行き知覚と視覚的断崖

　視覚的断崖とは，乳児や動物の奥行き知覚の研究のため，ギブソンとウォーク（Gibson & Walk, 1960）により考え出された実験装置およびその知覚的状況を指す。ギブソンらの実験では，実験台の半分を透明ガラスにした状態で，台の地柄とガラスを通して見える地柄が，段差をなす（これが断崖）ようにしておき，乳児や動物が奥行きを知覚してガラスの手前で止まるかどうかをテストした。

　月齢6ヶ月から14ヶ月の乳児を使ったギブソンとウォークの実験の結果をまとめると次のようになる。実験台の浅い側から母親が呼びかけると赤ちゃんは喜んでそちらに移動したが，深い側から呼びかけると，赤ちゃんは躊躇したり，泣き出したりして母親のところに移動しなかった。この結果だけから，奥行き知覚能力が生得的とは断定できないが，動物の赤ちゃんを使った実験の結果も合わせて，ギブソンらは奥行き知覚能力は生得的だと考えた。

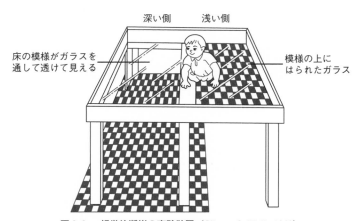

図 3-8.　視覚的断崖の実験装置（Gibson & Walk, 1960）。

[5] 仮現運動とゲシュタルト心理学

　「心理学の成り立ち」（第1章第1節）で述べたように，知覚に関する研究に大きな貢献をなした学派としてゲシュタルト心理学が挙げられる。ウェルトハイマー（M. Wertheimer）が発見した「仮現運動」は，次のような実験で明らかになった。ウェルトハイマーは，たとえば，平行な2直線やある角度（鋭角，直角，鈍角）をなす2直線を，ある時間間隔で順次提示し，どのような「見え」になるかを調べた。その結果，提示間隔が短すぎる（30ミリ秒）と，2つの直線は同時に提示されているように見え，逆に長すぎる（200ミリ秒）と，2つの直線はそれぞれの場所に互いに無関係に次々出現したように見えるのだが，時間間隔がこの両極の間のある範囲内だと，1本の直線が一方の位置から他方の位置へ運動するように見えたのである。つまり，もとの位置にある2つ直線とは異なる，運動する直線という印象が成立するのである。ウェルトハイマーはこの現象をギリシャ文字のφ（ファイ）で表した。そのため，仮現運動を「φ現象」とも呼ぶ。

　　ここで重要なことは，要素主義また連合主義的な心理学ではこの仮現運動を説明することが困難であるという点である。と言うのは，2つの直線は実際には静止したままであり，上で述べたφに相当する要素は物理的には存在しないからである。すなわち，仮現運動は，2つの直線の刺激をある時間間隔で提示したときに成立する特定の刺激提示パターン全体から生起する現象と考えられ，それを個々の直線の刺激などの要素に還元することができない。これをもってゲシュタルト心理学者たちは「全体は部分の総和以上のものである」と表した。このような知覚経験は聴覚系でも生じる。フォン・エーレンフェルス（C. von Ehrenfels）は，音楽のメロディは音の1つひとつの要素の単なる合計ではなく，特定の要素（音）を超越した総合的な性質であると考えた。なぜなら，同じ音の集まりでも，組み合わせの違いでまったく異なったメロディができるからである。

[6] カテゴリー知覚：言語音や色の知覚

　1）カテゴリー知覚　　われわれの知覚の特徴の1つに「カテゴリー知覚: category perception」がある。これは，ある次元において連続して変化する刺激に対して，連続的な違いを知覚するのではなく，どこかに境界線を引いて区別して知覚することを指す。たとえば，言語音の知覚がそうである。たとえば，/ba/, /da/, /ga/という音声ファイルを人工的に加工して，図3-9のように/ba/から/da/，それから/ga/へと小刻みに段階的に変化する合成音声を作成する。これらの人工音声をばらばらな順序で聞かせて，参加者にそれぞれの刺激が/ba/, /da/, /ga/のどれかを判断してもらう（同定課題）。その結果，図3-10（同定課題結果と弁別課題の結果）にあるように，/ba/, /da/, /ga/のそれぞれに聞こえたという確率は，段階的に変化するのではなく，ある時点で急激に変化する。今度は，これらの人工音声から2つを組み合わせて提示し，異なる音声に聞こえるかどうかを判断してもらう（弁別課題）。その結果は，ペアの刺激の間の段階的な差が同じであっても，ペアの音声が同定課題でみられた境界線をまたいでいる場合（つまり，異なる音声と判断されたペア）の方が両方の音声が境界線内にある場合（つまり，同じ音声と判断されたペア）よりも弁別しやすい。このようなカテゴリー知覚は，色の知覚でも観察される。ただし，カテゴリーの境界線は，普遍的に決まっているわけではなく，文化的影響も受けることが知られている。

　2）マガーク効果　　ここまで，視覚系を中心に聴覚系にも触れつつ知覚を考えてきたが，知覚経験は各感覚器官が独立して働き，知覚経験が生じるとは限らない。つまり，異なる知覚系の間の相互作用があるということである。日常経験でも，風邪を引いて鼻がつまったりして匂いが分からないと食事の味も分からないとか，食べ物や食器の色によって感じる美味しさが違うことがある。そこで，次のような実験を考えてみよう。「/ba/, /ba/, /ba/」と繰り返し

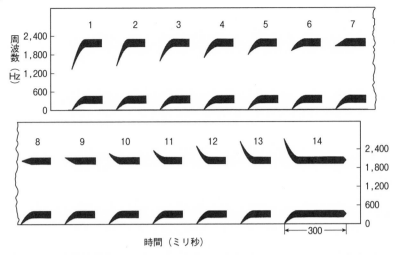

図 3-9.　実験用合成音声（/ba/－/da/－/ga/と段階的に変化するような合成音（刺激音）群（Liberman et al., 1957））。

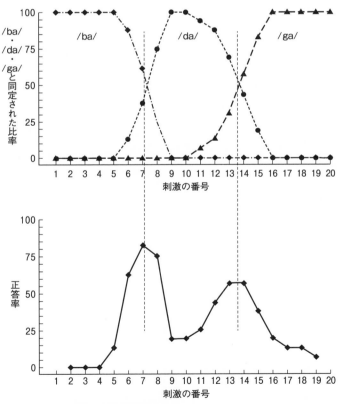

図 3-10.　同定課題と弁別課題の結果（/ba/－/da/－/ga/と段階的に変化するような合成音の同定と弁別実験結果（Liberman et al., 1957）。A：/ba/，/da/，/ga/の同定は，段階的に変化するのではなく，ある時点で急激に変化する。B：弁別は，同定されたカテゴリー（/ba/，/da/，/ga/）の境界付近が最も精度が高く，カテゴリー内では精度が低い）。

発声している人物の顔の動画を実験参加者に見せ，この人物の唇の動きに同期している「/ga/，/ga/，/ga/」という音声を聞かせると，実験参加者は「/da/，/da/，/da/」と言っていると報告する。この興味深い知覚現象は「マガーク効果: McGurk effect」という名で知られている。インターネットで検索すれば，サンプル動画を見つけることができるので，試してみるとよいだろう。

参考文献

Bourne, L. E., Dominowski, R. L., Loftus, E. F., & Healy, A. F. (1979). *Cognitive processes*. Englewood Cliffs, NJ: Prentice-Hall.

Butler, G., & McManus, F. (1998). *Psychology: A very short introduction*. New York: Oxford University Press.

Gibson, E. J., & Walk, R. D. (1960). The "visual cliff." *Scientific American, 202*, 64-71.

Gregory, R. (1970). *The intelligent eye*. New York: McGraw-Hill.

Hecht, S., Shlaer, S., & Pirenne, M. H. (1942). Energy, quanta, and vision. *Journal of General Physiology, 25*, 819-840.

Heron, W. (1957). The pathology of boredom. *Scientific American, 196*, 52-69.

堀端 孝治・高橋 超・磯崎 三喜年 (1993). 人間行動論入門　北大路書房

磯崎 三喜年・小野寺 孝義・宮本 正一・森 和彦 (編) (1996). マインド・ファイル　ナカニシヤ出版

磯崎 三喜年・小野寺 孝義・宮本 正一・森 和彦 (編) (1999). マインド・スペース　ナカニシヤ出版

Liberman, A. M., Harris, K. S., Hoffman, H. S., & Griffith, B. C. (1957). The discrimination of speech sounds within and across phoneme boundaries. *Journal of Experimental Psychology, 54*, 358-368.

McGurk, H., & MacDonald, J. (1976). Hearing lips and seeing voices. *Nature, 264*, 746-748.

櫻井 研三 (2011). 視知覚 (知覚心理学)　小野寺 孝義・磯崎 三喜年・小川 俊樹 (編)　心理学概論(pp. 13-24)　ナカニシヤ出版

Sperling, G. (1960). The information available in brief visual presentations. *Psychological Monographs, General and Applied, 74*, 1-29.

和田 陽平 (1967). 知覚　八木 冕 (編)　心理学Ⅰ　培風館

吉岡 一郎 (編) (1986). 心理学基礎実験手引　北大路書房

Chapter **4**

記憶と認知

森島泰則

1 記憶のしくみとプロセス

　この章では，記憶を中心に「認知」と呼ばれる，われわれの心のはたらきについて考えていく。心理学の中で，このような問題を研究する分野を認知心理学と言うが，人間を情報処理システムと捉え，そのシステムの構造（メカニズム），情報処理過程を明らかにしようとする。記憶はその情報処理システムが機能するために不可欠な要素である。記憶過程は，一般に，情報を取り入れる「符号化（記銘: encoding）」，取り入れた情報を保つ「貯蔵（保持: storage）」，貯蔵されている情報を取り出す「検索（想起: retrieval）」という3つの段階から構成されると考えられている。

2 情報の処理と貯蔵

　記憶（memory）という用語は，1つには，覚えている（貯蔵されている）情報そのものを指す場合がある。たとえば，「事故のときの記憶がない」と言うときは，この覚えている情報を意味している。一方，情報を保存しておく一種の「入れ物（貯蔵庫）」を指して記憶という場合もある。記憶の中身が情報なら，その情報はどこかに保存しておかなければならない。そう考えると，記憶を貯蔵庫と見なすのは妥当と言える。では，この記憶とはどのような構造になっているのだろうか。

　これについて，H. M. という人物の症例が貴重な情報を提供してくれる。彼は，2008年12月2日，82歳でその非凡な生涯を閉じた。死後になってはじめて，本名がヘンリー・グスタフ・モレゾン（Henry Gustav Molaison）であることが明らかにされた。H. M. は10歳の頃からてんかんを病み，1953年，脳の一部を切除する手術を受けた。その後遺症からか，彼は重度の記憶障害に陥ったのである。H. M. は，手術前の出来事は覚えているのだが，手術後は，ほんのわずかな時間しか出来事を覚えていることができなくなった。これは，記憶の構造が情報を長時間保持する入れ物（長期記憶）と短時間保持する入れ物（短期記憶）からなると考えると説明できる。つまり，手術によって脳に何らかの損傷が生じた結果，情報を短期記憶から長期記憶へ送る処理機能が破壊されてしまったと考えると説明ができる（第2章第2節参照）。

　このような記憶システムの理論として，アトキンソンとシフリン（Atkinson & Shiffrin, 1968, 1971）による「多重貯蔵モデル: multi-store model」がよく知られている。図4-1にあるように，このモデルでは，記憶は，ある情報がどれくらいの時間保持されるのかによって次の3種類の記憶に分類される。感覚記憶（sensory memory），短期記憶（short-term memory），長期記憶（long-term memory）である。

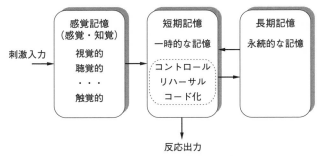

図 4-1.　**アトキンソンとシフリンの多重貯蔵モデル**（Atkinson & Shiffrin, 1968）。

［1］作動記憶（ワーキング・メモリ）

　刺激として外界から入ってくる情報は，まず感覚記憶（第 3 章参照）としてごく短時間保持されるが，何らかの処理がされなければ，その記憶は失われてしまう。図 3-7（p. 26）の白黒の模様の図を一瞬だけ見てみよう。そこに何が描かれているかは，分かるだろう。すでに第 3 章で見たように，同じ図をじっくり見ると，ダルメシアン犬が描かれていることが分かるはずだ。白黒の模様の感覚記憶に対して，犬というパターンを認識するという処理が行われたと言える。そうすると，今度は「ダルメシアン犬（の後ろ姿）」という記憶情報となって保持される。これが情報の符号化（encoding）である。このような情報の変換処理が行われるのが，短期記憶（short-term memory）である。最近では，この用語に代わって，ワーキング・メモリ（作動記憶: working memory）という用語が用いられることが多い。これは，今述べた符号化のような情報処理の側面に着目した名称である。したがって，ワーキング・メモリは，情報の貯蔵とさまざまな情報処理を行うシステムとして捉えられる（ここでは，記憶システムの名称として「ワーキング・メモリ」，記憶された情報を指す場合には「短期記憶」を使う）。

　ワーキング・メモリにはいくつかの特徴がある。まず，ワーキング・メモリに保持された情報は，それを持続する作業をしなければ，15 秒ほどで消失してしまう。これが「短期記憶」と呼ばれるゆえんである。

　次に，ワーキング・メモリに保持できる情報量は，非常に制限されている。ミラー（Miller, 1956）は，記憶容量は 7±2 項目と推定した。これは「マジカルナンバー 7±2」として知られている。近年，コーワン（Cowan, 2000）が，従来の短期記憶の容量の測定には維持作業や長期記憶の影響が含まれているとし，純粋な短期記憶の容量は 4 項目程度であると主張した。また，ワーキング・メモリの容量について重要なことは，その単位（ここでは「項目」という語を用いている）は固定的なものではなく，1 つの意味のまとまりであるという点である。この意味のまとまりを「チャンク: chunk」と呼ぶ。たとえば，GDPDNAWTOCIA という文字列をアルファベットの文字列として記憶しようすると 12 個のチャンクとなって，ワーキング・メモリの容量を超えてしまい，すべて記憶することは困難である。しかし，GDP，DNA，WTO，CIA というそれぞれ 3 文字からなる略語として記憶すれば 4 チャンクとなり，記憶しやすくなる。このように情報を意味のまとまりに組織化することを「チャンキング: chunking」と呼ぶ。

［2］バッドリーのワーキング・メモリ・モデル

　ワーキング・メモリのモデルとしては，バッドリー（Baddeley, 1986, 2000）の提唱したモデルが有名である（図 4-2 参照）。バッドリーのモデルは，中央実行系（central executive）と 3 つのサブシステムから構成される。サブシステムとは，エピソード・バッファ（episodic

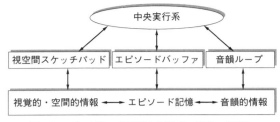

図 4-2. バッドリーのモデルの図（Baddeley, 2000）。

buffer）, 音韻ループ（phonological loop）, 視覚・空間的スケッチパッド（visual-spatial sketchpad）である。中央実行系は, サブシステムと連結し, 長期記憶の情報を参照しながらサブシステムの情報の統合などのさまざまな情報処理を行う中心的な情報制御システムとされる。音韻ループは, 言語的音韻・音声情報を操作したり, 保存したりするシステムである。視覚・空間スケッチパッドは, 視覚的・空間的なイメージを操作したり, 保存したりするシステムで, 非言語的な情報を一時貯蔵する。エピソード・バッファは, 音韻ループからの言語情報, 視覚・空間的スケッチパッドからの視覚的イメージとそれらを結びつけるエピソード記憶, 長期記憶の一部を検索するシステムとされる。しかし, ワーキング・メモリが実際にどのような構造になっており, どのようなはたらきをするのかについてはさまざまな議論があり, このモデルがほとんどの研究者によって支持されているとは限らない。

[3] 長期記憶

　長期記憶には, いわゆる知識, 経験など多様な記憶が含まれる。そして, ワーキング・メモリと対照的に, 長期記憶は非常に大きな情報量を保持でき, いったん貯蔵されたらほぼ永久的に保持されると考えられている。ランダウアー（Landauer, 1986）は, これまでの研究結果を分析した結果, 壮年の人が記憶する情報量は, およそ 200 メガバイトであると推定した。200 メガバイトというのは, 1 文字 1 バイトとして約 2 億文字に相当する。ブリタニカ百科事典（Encyclopædia Britannica）のオンライン版の総文字数は 3 億文字だそうである。文字数だけで言えば, ブリタニカ百科事典の 2 ／ 3 に相当する情報量があるということになる。

　長期記憶に保持される情報は, 次のように分類してみると分かりやすい。まず,「宣言的（または命題的）記憶: declarative or propositional memory」と「手続き的記憶: procedural memory」に分類できる。宣言的記憶は, さらに「意味記憶: semantic memory」と「エピソード記憶: episodic memory」に分けられる。意味記憶とは, 百科事典や辞書に出ている情報, いわゆるわれわれが知識と呼ぶような情報を, エピソード記憶はさまざまな個人的体験についての記憶を指す。たとえば「犬」について知っていることを挙げてみよう。哺乳動物であるとか, ペットであるとか, 四足歩行し, 尾があるというようなことが思いつくだろう。これが意味記憶である。これに対して, 犬を飼っている人であれば, 自分の犬との思い出があるだろう。犬嫌いの人は, もしかすると, 昔犬に噛まれた経験の記憶があるかもしれない。これらがエピソード記憶である。犬についての知識的な情報（意味記憶）は, ある程度人々の間で共有される情報であるが, 経験的な記憶は, 個人的なものである。意味記憶もエピソード記憶も, つまり宣言的記憶は, 多くの場合言語的に表現できるような情報である。一方, 手続き的記憶とは, 自転車の乗り方や靴のはき方などわれわれが行動するときの手順についての情報である。こうした記憶は言葉で表現するのが難しいものが多くある。

[4] 意味ネットワーク・モデル

これらの宣言的記憶や手続き的記憶は互いにばらばらに保持されているのだろうか。それと

も辞書や百科事典のようにある規則のようなもので整理されているのだろうか。次のような実験を考えてみる。単語のペアを作り，コンピュータ画面に1つずつ提示する。最初の単語（プライム語と言う）を一定時間（例，500ミリ秒）提示した後，2つ目の単語（ターゲット語と呼ぶ）を提示する。この2つ目の語に対して，参加者はそれが正しい単語か（例，バター）そうでないか（例，ンタバ）を判断して「Yes」か「No」のキーやボタンを押して反応する。これを語彙性判断課題と言う。この課題をいくつも繰り返すが，正しい単語と正しくない単語は同数とする。計測するのは，反応の正誤と反応時間であるが，注目するのは正しい単語に対して正しく反応したときの反応時間である。これが従属変数である。独立変数はペアになった単語間の関係で，意味的に関連のある単語のペア（例，パンとバター）と，意味的関連のないペア（例，パンとギター）の2水準とする。いずれの条件でもターゲット語は正しいつづりなので反応は「Yes」である。さて，この実験の結果はどうなるか。条件ごとの反応時間を比較すると，関連のある単語に続いて刺激語が提示されたときの方が，関連のない語のペアのときより反応時間が短いという結果になる。これをプライミング効果（priming effect）と言う。

　この実験は，われわれの語彙知識が長期記憶にどのように貯蔵されているかという問いにヒントを与えてくれる。長期記憶をトレイとそこに入っているボールにたとえて考えてみよう。1つひとつのボールは記憶されている個々の情報で，トレイの中に重ならずに置かれている。さらに，これらのボールは意味的な関係のあるもの同士ひもでつながっているとする。また，ある語の情報が入力されるとその刺激によってボールが引っ張り上げられるとする。そして，引っ張り上げられたボールは，そのぶんだけ認識されやすいと考える。このようなモデルで考えると，どうなるか。プライム語が提示されることによって，長期記憶内のその語の表象（ボール）が引っ張り上げられると，それにつながっている他の語の表象もつられてある程度引っ張り上げられる。その中にターゲット語の表象も含まれている。次に実際にターゲット語が提示されるとすでにその表象はある程度引っ張り上げられているので，関連のない，引っ張り上げられていない語に比べると，認識するのに短い時間でできると説明できる。このモデルに従えば，われわれの長期記憶（知識）は，個々の情報がばらばらではなく，互いに関連のあるものがつながったネットワークを形成していると考えることができる。

　また，ロディガーとマクダーモット（Roediger & McDermott, 1995）の実験も意味ネットワークを想定するとうまく説明できる。この実験の参加者は単語リストを学習するように指示された。リストの単語は，ベッド，疲れ，休息などのように互いに関連がある。また，それぞれの単語はリストに含まれていないある語（例，「眠り」）と意味的関連のある語である。再認テストでは，実際にはリストに含まれていなかった関連語（例，眠り）が含まれていたと間違える比率が高いという結果が得られた。つまり，学習していない語を学習したと勘違いしてしまったわけである。これを記憶錯誤（false memory）と言う。なぜこのような記憶錯誤が起きるのかと言えば，リストの語と誤認語（「眠り」）は意味的に関連しているため，リストの単語を覚える過程でネットワーク上の誤認語も一緒に引っ張り上げてしまい，区別がつかなくなったと考えると説明ができる。

　このような考え方に基づいて，コリンズとクィリアン（Collins & Quillian, 1969）は，図4-3のような知識構造モデルを提唱した。このモデルの特徴はまず，前述したネットワーク・モデルの一種で，関連する概念（情報）がつながれている。さらに，それぞれの知識項目（概念）は，上位の概念（動物）から下位の概念（鳥，魚，カナリア，ダチョウ，サケ，サメ）へと階層化されている。さらに，それぞれの概念，たとえば「鳥」に共通する属性「飛ぶ」は，「鳥」のレベルにつながれている。つまり，カナリアもハトもタカも「飛ぶ」という属性をもっているが，この知識は「カナリア」や「ハト」の属性としては表現されておらず，「カナリアは鳥」，「鳥は飛ぶ」というように知識構造をたどっていくことによって分かるようになっている。こ

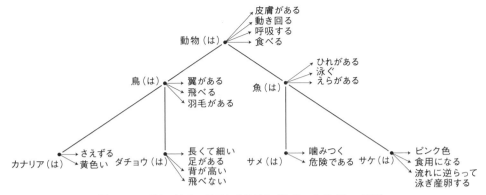

図4-3.　コリンズとクィリアンのモデル（Collins & Quillian, 1969）。

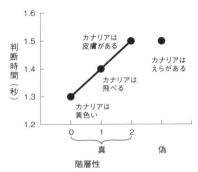

図4-4.　コリンズとクィリアンの実験結
果（Collins & Quillian, 1969）。

れを「認知的経済性: cognitive economy」と呼んだりする。すなわち，共通する概念はその最
上位の概念に集約的に表現されているため，重複がない（無駄がない），よって経済的と言え
る。

　コリンズとクィリアンは，人間の知識構造にもこのモデルのように構造化されているという
仮説を立てて，実験を行った。参加者に課せられたのは，テスト文が正しいかどうかを判断す
るという課題である。たとえば，「カナリアは歌う」は正しいが，「ダチョウは飛ぶ」は正しく
ない。モデルによれば，テスト文が正しいかどうかを判断するには，さきほど述べたように，
概念の連鎖をたどって確認する必要がある。この連鎖のステップが多いほど確認までの時間が
長くかかると仮定される。したがって，「カナリアは歌う」は「カナリアには皮膚がある」よ
り短い時間で確認できると予想される。コリンズとクィリアンは，さまざまなテスト文が正し
いと判断されるのに要する時間を計測した。その結果，図4-4に示すように，連鎖のステップ
が長いほど反応時間が長くなるという結果を得た。コリンズとクィリアンの仮説は支持された
わけだが，その後，さまざまな実験が行われ，このモデルの反証となる結果が得られた。たと
えば，「コリー（犬）は動物である」は「コリーは哺乳類である」より連鎖のステップが多い
が，反応時間は短いという結果が出たり，「犬は動く」は「コリーは動く」より連鎖のステッ
プが短いが，反応時間に違いがないという結果が出た。これらの実験結果により，コリンズと
クィリアンのモデルは人間の知識構造のモデルとしてはあまり適していないと考えられるよう
になった。たとえば，彼らのモデルでは知識が論理的に分類，階層化されているが，われわれ
の知識はそのような明確な論理的構造はもっていないだろうという指摘がある。また，同様に，
効率性の面からも，われわれの知識構造は，コリンズとクィリアンのモデルのように認知的経
済性の高いものではなく，表象の重複などがあるとも考えられている。これは情報の貯蔵の経

済性という点からは無駄のようにも見えるが，表象の重複があることによって，情報検索が短時間でできたり，ある部分の情報が何らかの理由で破壊されても重複があればそれを補えるという利点がある。

コリンズとロフタス（Collins & Loftus, 1975）は，コリンズとクィリアンのモデルを修正して，新しいモデルを提唱した。このモデルも関連する概念をつなぐというネットワーク・モデルの枠組みを継承しているが，表象の重複があったり，概念のつながりの長さを変化させて意味的距離を表象したり，階層性はゆるいが，柔軟性の高いモデルになっている。また，コリンズとロフタスは，活性伝搬（spreading activation）という概念を導入した。これは，さきほど説明に使った，ひもでつながったボールを引っ張り上げるという比喩に相当するものである。つまり，ある語が提示され，認識されるとその後に対応する概念（表象）が活性化される。ちょうど，そのボールが引っ張り上げられるようなものである。それと同時に，その概念（というボール）につながった概念もある程度引っ張り上げられる。つまり，その概念を直接活性化する物理的な刺激はないのに，ある程度活性化されるということである。これが活性伝搬である。

[5] ゴミ箱モデル

ランダウアー（Landauer, 1975）は，構造化メカニズムをもたない記憶システムを提案した。知識の構造化を考えるうえで興味深い記憶モデルなのでここで紹介する。彼の主張のポイントは，自然界では単純で組織性のない事象が大量にしかもランダムに連結することによって，重要な規則性が結果的に生起することがよくあるという点である。彼はこの原則が記憶にも当てはまるとして，そのような原理に基づく記憶モデルを発表した。このモデルは，情報の貯蔵庫と情報を貯蔵庫に入力，検索，読み取りをするポインターからなる。この他，記憶情報を使ってさまざまな情報処理を行う，バッドリーの「中央実行系」に相当するもの（ランダウアーは「ホモンクルス」と呼ぶ）もある。

まず，情報の貯蔵庫であるが，情報を保存する小さな貯蔵域を大量にもつ大きな3次元空間である（図4-5参照）。メールボックスやロッカーがたくさん並んでいるように「貯蔵域」という情報の引き出しがたくさん並んだ空間をイメージすると分かりやすいだろう。1つの貯蔵域に保存できる情報は1項目だけであるが，この単位は短期記憶（ワーキング・メモリ；本章第2節）のところで見たように一定ではなく処理の仕方によって変わる。

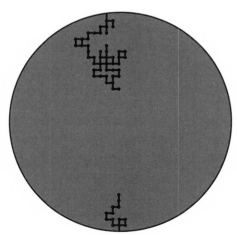

図4-5. ゴミ箱モデル。

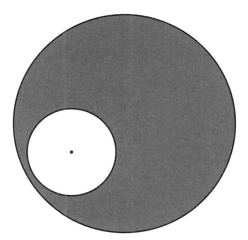

図4-6.　ゴミ箱モデルのサーチスペース。

　ポインターは，この空間をたえず一定のスピードでゆっくりと不規則に移動している（図4-5参照）。つまり，各瞬間ごとにポインターはこの記憶空間の方向を変えたり，まっすぐ進んだり，バックしたりという動きをランダムに行うわけである。ある瞬間にポインターは必ずどこかの貯蔵域に位置しており，そこに情報を書き込むことができるが，それが必ずいつも行われるというわけではない。ある瞬間に情報を書き込み（入力）できるのは1ヶ所の貯蔵域に対してだけである。したがって，ある情報が外界から入ってきたとき，記憶空間のどこに書き込まれるかといえば，ポインターがたまたまその時点で位置している貯蔵域にされるということになる。つまり，ただ単にポインターがどのような経路をたどるかだけによって，情報の貯蔵位置が決まるというわけだ。

　ホモンクルス（中央実行系）が，貯蔵されている情報を使おうとすると，情報検索が実行されるが，この情報検索は無方向である。つまり，ポインターからある半径の記憶空間にサーチライトが照らされると考えてよい。このサーチライトが照らす範囲を「サーチスペース」と呼ぶ（図4-6参照）。サーチスペースの大きさや検索時間はホモンクルスの制御で行われる。この検索の結果，手がかりに合う情報が見つかれば，それが読み取られる。

　では，このような比較的シンプルな記憶モデルでは，貯蔵された記憶情報はどのような配置になるだろうか。ポインターのランダムな動きによって，情報間の関連性や構造化などは無視され，情報はばらばらに貯蔵されるのだろうか。ランダウアーは，このシステムの記憶空間をゴミ箱に，貯蔵された情報はその中に捨てられたゴミにたとえて説明する。家中のゴミをまとめて入れる大きなゴミ箱を想像してみよう。ゴミ箱はただの入れ物で自己組織化や構造化の機能などはない。しかし，ゴミ箱の中のそれぞれのゴミの位置を考えてみると，キッチンから出るゴミ，たとえば野菜くずや食品の入れ物は自然と近くにかたまるだろうし，紙くずや古い鉛筆などの勉強部屋のゴミも同じように互いに近くにかたまるだろう。それから，今日のゴミは昨日のゴミの上に来るだろう。このように，ゴミの捨てられ方という履歴だけで，自然にゴミ同士の位置関係にはある構造が生まれる。このモデルの記憶空間の情報もそのように構造化されていくとランダウアーは言う。つまり，ポインターの動きはランダムだがゆっくりなので，同じ環境や状況，また時間的に近くに外界から入力された情報は，記憶空間の比較的近い範囲内の貯蔵域に書き込まれることになる。たとえば，病院にいれば「医師」や「看護師」や「薬」など関連のある言葉を聞く確率が高い。したがって，これらの言葉は記憶空間の互いに近い位置にある貯蔵域に書き込まれる確率が高くなると言うわけだ。ゴミの捨てられ方に相当するのが，外界の情報との接触の仕方のパターンと言うことである。このようにして，記憶シ

ステム自体に構造化メカニズムがなく，また中央実行系が情報の構造化操作をしなくても，記憶表象に構造性が生じることをランダウアーは示した。ところで，余談だが，この比喩のためにこのモデルは，「ゴミ箱モデル」と呼ばれ，その名前が災いして学界であまり真剣に受け取られなかったと本人が嘆いたという噂がある。

［6］多重貯蔵モデルとリハーサル

それぞれの記憶の貯蔵庫はどのようにつながってシステムを構成しているのだろうか。その1つとして，作動記憶（短期記憶）と長期記憶の関連を考えてみる。次のような実験をしたとしよう。20語からなる単語リストを実験参加者に提示し，後で提示された単語を思い出してもらう。これを自由再生（free recall）法と言う。この実験の結果は，一般的に，単語リストの初めの数語と最後の数語の再生率がその中間の語よりも高くなる。前者を初頭効果（primacy effect），後者を新近効果（recency effect）と呼ぶ。これらを総称して系列位置効果（serial position effect）と言う。しかし，リストの提示後，簡単な計算といような作業を数十秒させた後に再生させると，初頭効果は影響を受けないが，新近効果は消滅してしまう。アトキンソンとシフリン（Atkinson & Shiffrin, 1968, 1971）の多重貯蔵モデルによれば，短期記憶はリハーサル（復唱: rehearsal）という維持作業を行うことによって，記憶の減衰・消失を避けることができる。これは，たとえば，聞いたばかりの電話番号を忘れないように実際に声に出したり，心の中で繰り返し言うことがそうである。リハーサルは記憶維持のはたらきをするだけでなく，その作業によってワーキング・メモリの情報の一部がある確率で長期記憶に転送される。

この理論によれば，単語リストの自由再生実験は次のように説明できる。まず，リストの最初の数語は，はじめに提示されるので，後に提示される語に比べてリハーサルされる頻度が高い。したがって，それだけ長期記憶に転送される確率が高くなる。つまり，初頭効果は長期記憶に保存された記憶によるものと言える。リストの最後の数語の再生率が高いのは，それらの記憶痕跡がまだワーキング・メモリにあるからと考えられる。したがって，新近効果は短期記憶によるものと言える。リスト提示後計算課題などを課すと新近効果が消滅するのも納得がいく。つまり，最後の数語の記憶痕跡はワーキング・メモリ中にあるが，リハーサルはあまりされていないので，長期記憶には転送されていない。そこに計算課題が与えられると，計算の情報がワーキング・メモリに入ってくるため，最後の数語の記憶痕跡が消されてしまうのである。

［7］処理水準

これに対し，クレイクとロックハート（Craik & Lockhart, 1972）は，短期記憶と長期記憶の処理水準（levels of processing）という概念を提唱した。ワーキング・メモリに保持された情報は，どのような処理がされるかによって，記憶痕跡の頑健さに影響が出るという理論である。この理論によれば，意味的な処理の方が音韻的な処理よりも処理の水準が深い。たとえば，ある語に対して，それと反対の意味の語（対義語）を考えるというのは，意味的な処理である。これに対して，その語と同じ音で始まる語を考えるというのは，音韻的な処理と言える。リハーサルは，情報を復唱する作業であるから，音韻的な処理と言える。クレイクとロックハートは，これをタイプⅠ処理と呼び，意味的な処理をタイプⅡ処理と読んだ。

処理水準の概念を使って，系列位置効果は次のように説明される。単語リストが提示されたとき，参加者は後から提示される単語にも注意を払わなければならないので，初頭部分にはタイプⅡ処理（より深い，意味的な処理）をする。その結果，記憶痕跡は頑健になる。一方，最後部の単語は，音韻的な，浅い処理しかされないが，ワーキング・メモリに保持されているため，高い再生率が得られる。しかし，記憶痕跡が頑健ではないため，リスト提示後数十秒の無

関係な作業のあとには，再生が困難になる。

3 忘　却

ランダウアー（Landauer, 1986）の推定によれば，われわれは1秒間に平均1バイトの情報を記憶すると言う。人の一生を70年とすれば，約20億秒生きることになる。と言うことは，単純計算でいくと，われわれは一生の間に2ギガバイトの情報をいったんは記憶することになる。2ギガバイトという値は，平均的な大人の記憶量の約10倍である。これは，われわれはいったん記憶した情報のうち相当な量を失ってしまうということを意味する。つまり，忘れてしまうということだ。では，この「忘れる」ということ（忘却: forgetting）はどのような仕組みで起こるのだろうか。この問題について考えてみよう。

[1] 忘却曲線

エビングハウス（H. Ebbinghaus; 1850–1909）は，ドイツの心理学者で，心理学史上最初の系統的な記憶研究を行った人物とされている。彼は，自分自身を被験者に見立てて実験を行った。まず，「mur」「bom」などの「子音，母音，子音」からなる無意味綴りを集めたリストを暗唱し，一定時間後にそれを再び暗唱するという課題を自らに課した。彼は毎日異なるリストを完全に暗唱できるまで何度も反復学習した。はじめの学習に要した試行回数と一定時間後の再学習で同じ基準に達するのに要した試行回数との差に基づいて忘却率を計算した。その結果，図4-7のように，忘却は学習から24時間以内に急速に進み，その後忘却は緩やかになることが分かった。たとえば，学習の20分後には約42％を忘却し，1時間後にはそれが50％以上になる。1日後には，忘却率は74％になるが，1週間後でもそれは77％で，わずか3％ほどしか忘却率は変化しない。エビングハウスの忘却曲線は，記憶の仕組み，とくに忘却という現象について重要な知見を提供しているが，一方で，これがあらゆる場合に共通するかどうかは検討が必要である。エビングハウスが用いた材料は「無意味綴り」である。これに対し，われわれが日常扱う情報は「意味」をもつものである。意味があるかないかは記憶に大きな影響を与える。実際，エビングハウス自身，英国の詩人バイロン（George G. Byron）の詩の一部を暗唱するという実験を行っているが，その結果，忘却率は24時間後で約50％であり，無意味綴りよりずっと少ない努力で再学習できることを示している。

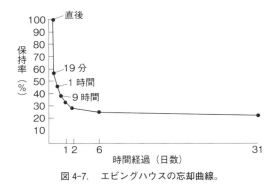

図 4-7.　エビングハウスの忘却曲線。

4 言　語

われわれの生活における言語の重要性は，言うまでもない。そのことは，言葉の通じない外国へ行ってみればすぐに実感できるだろう。言語は人同士のコミュニケーションに欠くことの

できないものである。それだけでなく，言語は思考など認知全般と深く関わっている。言語によらない思考は，ある程度可能であろう。たとえば，言葉にならない感動だとか，数学的な思考のような言語とは異なるシステムによる思考もある。しかし，思考全般を考えたとき，言語によらないものはごくわずかであろう。

[1]　サピア‐ウォーフ仮説

　言語が思考（認知）に欠かせないものであるとすれば，われわれの考え方は言語によって制約を受けたり，規定されたりするのだろうか。このような考えは現在，提唱者の言語学者，サピア（E. Sapir）とウォーフ（B. L. Whorf）の名をとって，「サピア‐ウォーフ仮説: Sapir-Whorf hypothesis」として知られている（Whorf, 1956）。また，「言語相対仮説」とも呼ばれる。この説にはいくつかの解釈があるが，「強い仮説」では，われわれの思考は言語によって規定されるとされ，「弱い仮説」では，われわれの世界認識や記憶は言語によって何らかの影響を受けるとされる。

　たとえば，色を考えてみよう。虹の色は何色あるかと聞かれたら，何と答えるだろうか。日本人の多くは「7」と答えるのではないだろうか。確かに「七色の虹」という表現もある。虹が7色としたのはかのニュートンだそうだが，実は，虹の色の数は国や民族によって異なることが知られている。アメリカやドイツでは7色とは限らず，6色だったり5色だったりするそうである。これにはいろいろな背景があるようだが，色に関する語彙も影響しているかもしれない。

　インドネシアのニューギニアに住むダニ族の人々は石器時代のような原始的生活を営む人々で，その部族の言語には色を表す言葉が「mola」（明るく，暖かい色）と「mili」（暗く，寒々した色）の2語しかないと言われる。このことは，サピア‐ウォーフ仮説によれば，ダニ族の人々は虹を見たときに2色の色しか識別できないということを意味するのだろうか。この問いを研究したハイダー（Heider, 1972）は，色の記憶について，ダニ族の被験者もアメリカ人の被験者と同様の振る舞いが観察されたと報告し，色の認識は言語に影響されないと主張した。しかし，その後の研究では，色の認識は言語によって異なるという報告もある（Robertson, Davies, & Davidoff, 2000）。

　「サピア‐ウォーフ仮説」をめぐってはさまざまな心理学実験や人類学的研究が行われているが，明確な結論は出ていないと言ってよい。そして，現在でも肯定，否定の立場から活発な議論がなされている。思考を含むさまざまな認知には，文化や社会背景にかかわらず，人間であれば誰でも共通にもっている普遍的な部分と，言語をはじめとする文化に左右される部分があると考えられる。そのいずれの部分がより際立っているのかは，具体的な認知現象によって異なることは十分考えられる。また，そうであれば，それぞれの研究がどのような認知現象を対象とするかによっても，導かれる結論は変わってくるであろう。現段階では，そのような研究結果が混在していると言える（今井, 2000）。

[2]　文と文章の記憶

　言葉を理解するのにも記憶は重要な役割を果たしている。われわれが言葉を理解するとき，聞いたり，読んだり，すなわち，聴覚的または視覚的に入力される言葉（話を簡単にするために，ここでは文と呼んでおく）をいったんワーキング・メモリに保持し，そこから意味を解釈したり，話し手や書き手の意図を理解したりするためのさまざまな処理が行われる。今1つの文が入力されたとして，これを理解するためにどのような処理が行われるかを考えてみよう。われわれが言葉を理解するとき，話し言葉であれ書き言葉であれ，1つの文で事足りることはむしろまれで，多くの場合，複数の文がつながって文章や談話が作られる。その際，文と文の

4 言　語　41

前後関係やコミュニケーションの環境によってコンテクスト（文脈）が成り立ち，その文脈の中で文の意味が成立する。そうなると，われわれはたえずかなりの情報量を処理していることになる。ところが，記憶システムのところで見たように，ワーキング・メモリに保持できる情報量には制限があり，ミラーの「マジカルナンバー 7±2」に代表されるように多く見積もっても 9 項目程度と考えられる。たとえば，「わがはいはねこである」という短い文であっても文字数では 10 であり，ワーキング・メモリの容量の上限である。では，この文を記憶することが難しいかと言えば，そんなことはないであろう。それはなぜか。確かに字数では 10 項目であっても，語数で見れば助詞も含めて 5，句（フレーズ）で言えば「わがはいは」と「ねこである」の 2 となる。さらに，これが夏目漱石の『我が輩は猫である』という小説のタイトルであると認識できれば，小説のタイトルという 1 つのまとまり（チャンク）として認識できる。これなら，ワーキング・メモリの容量で十分保持可能な情報量である。われわれは語彙知識や文法知識というような言語知識や一般的知識を使って語を認識したり，句構造に分析したり，小説のタイトルを認識したりという処理によってチャンキングを行っているのである。

　『我が輩は猫である』の場合は，あまりにも有名な小説の題名なので，ほとんどの人はそのまま記憶に留めるであろう。しかし，一般的に言って，われわれは読んだり聞いたりした文をそのまま記憶しているのだろうか。言語学者のチョムスキー（Chomsky, 1958, 1963）によれば，実際に書かれたり，話されたりする文は表層構造（surface structure）で，心的にはより抽象的な文構造と意味の表象である深層構造（deep structure）に分析されると言う。チョムスキーの言語理論は長年の間に修正，更新されているが，この実際の文と心的に表象される文は異なるという点は，心理学的にも重要な概念である。すなわち，記憶とは心的表象であるから，われわれは文をそのまま記憶しないということになる。

　この問いには，ブランズフォードら（Bransford, Barclay, & Franks, 1972）の実験が手がかりを与えてくれる。参加者はさまざまな文を提示される。一連の文の提示後，参加者は記憶テストを受ける。課題は，ここで提示される文が先ほど提示された文かどうかを判断することである。最初に次のような文が提示されたとしよう。

　　a）Three turtles rested on a floating log, and a fish swam beneath them.

　これに対し，テスト時に，

　　b）Three turtles rested on a floating log, and a fish swam beneath it.

が示されると，多くの参加者はこの文は最初に提示された文であると誤認識してしまう。違いは them と it だけなので間違えたのだろうと思うかもしれないが，次の文 c）が最初に提示されて，テスト時に文 d）が与えられた場合，やはり違いは them と it だけであるが，ほとんどの参加者は誤認識しない。

　　c）Three turtles rested beside a floating log, and a fish swam beneath them.
　　d）Three turtles rested beside a floating log, and a fish swam beneath it.

　なぜ文 a）と b）は間違えやすく，文 c）と d）はそうではないのだろうか。これは，それぞれの文の意味を考えてみると分かる。文 a）と b）が記述している状況は，次の図 4-8 のように示せる。つまり，同じ状況なのである。それに対し，文 c）と d）は図 4-9 と図 4-10 に示されるように，異なった状況の記述である。このことから，われわれは文そのものをちょうどコピーのように記憶しているのではなく，その文の意味するところを記憶していると推測できる。そのため，同じ意味（この場合状況）を表す文であれば，違いに気づきにくいと言うわけである。

図4-8.　例文ａ）とｂ）が描写する状況の図。

図4-9.　例文ｃ）が描写する状況の図。

図4-10.　例文ｄ）が描写する状況の図。

[3] スキーマ

　先ほどは文の記憶について検討したが，今度は文章の記憶を考えてみよう。最近小説やノンフィクションなどの本を読んだ人はそれを思い出してほしい。今，その内容を話すように言われたら，どのように話すだろうか。おそらく，物語であれば，主な出来事，あらすじを話し，詳細な内容には触れないだろう。もしかすると，物語の内容と少し違った情報も入ってしまうかもしれない。それは，ただ記憶が完全でないからだろうか。何か他の要因はないのだろうか。

　記憶システムについて考えたとき，われわれの長期記憶（知識）は何らかの形で構造化されていることを学んだ。われわれが文章（物語でも説明文でも）を理解するとき，既有知識を使い，またその知識と文章から得られる情報を統合しようとする。もし，自分の知識と矛盾する内容が文章に書かれていたとすると，われわれはどちらかの情報が間違いなのか，あるいは，一見矛盾のように見えるが一貫性のある説明がつくのかと考えるだろう。このことから，われわれが文章からどのような情報を得，どのようにそれを処理し，どのように記憶するかは，少なくともある程度はわれわれの既有知識に依存すると言えるだろう。

　このような考えを最初に提唱したのは，英国の心理学者のバートレット（Bartlett, 1932）である。彼が行った実験でよく知られているのは，アメリカ・インディアンの伝説を材料に行った伝言ゲームのような実験である。まず，参加者であるケンブリッジ大学の学生１人にインディアンの伝説を読ませる。この学生は読んだ内容をできるだけ正確に次の学生に伝える。これを何人か繰り返して，最後にどのような物語だったかを報告してもらうのである。その結果，とくに特徴的だったのが，もとの物語の筋の中で当時のイギリスの文化背景では不可解な部分がイギリスの文化に合うように変化していたことであった。このような結果をもとに，

バートレットは，われわれは自分の文化の枠組みよって知識（情報）を構造化していると考え，この構造化された知識を「スキーマ: schema，複数形は schemata」と呼んだ。バートレットのスキーマの概念は，心や内面世界を否定する行動主義心理学の時代には埋もれていたが，その後，人工知能の研究者たちがコンピュータに知識をもたせるために知識の表現方法を研究するなかで再評価された。人工知能学者が開発したスキーマの代表的なものに「スクリプト: script」（Schank & Abelson, 1977）がある。有名な例が「レストラン・スクリプト」である。これは，レストランに行って食事をして店を出るまでの典型的な行為を記述したもので，「店に入る」「テーブルにつく」「メニューを見る」「注文を決める」「ウェイトレス（ウェイター）に注文を伝える」などという一連の行為が１つのセットになったものである。

参考文献

Atkinson, R. C., & Shiffrin, R. M. (1968). Human memory: A proposed system and its control processes. In K. W. Spence & J. T. Spence (Eds.), *The psychology of learning and motivation*, Vol. 2. London: Academic Press.

Atkinson, R. C., & Shiffrin, R. M. (1971). The control of short-term memory. *Scientific American, 225*, 82–90.

Baddeley, A. D. (1986). *Working memory*. Oxford, UK: Oxford University Press.

Baddeley, A. D. (2000). The episodic buffer: A new component of working memory? *Trends in Cognitive Science, 4*, 417–423.

Bartlett, F. C. (1932). *Remembering*. Cambridge, NY: Cambridge University Press.

Bransford, J. D., Barclay, J. R., & Franks, J. J. (1972). Sentence memory: A constructive versus interpretive approach. *Cognitive Psychology, 3*, 193–209.

Collins, A. M., & Loftus, E. F. (1975). A spreading activation theory of semantic processing. *Psychological Review, 5*, 85–88.

Collins, A. M., & Quillian, M. R. (1969). Retrieval time from semantic memory. *Journal of Verbal Learning and Verbal Behavior, 8*, 240–247.

Cowan, N. (2000). The magical number 4 in short-term memory: A reconsideration of mental storage capacity. *Behavioral and Brain Sciences, 24*, 87–185.

Craik, F. I. M., & Lockhart, R. S., (1972). Levels of processing: A framework for memory research. *Journal of Verbal Learning and Verbal Behavior, 11*, 671–684.

Ebbinghaus, H. (1964). *Memory: A contribution to experimental psychology*. New York: Dover. (Originally published 1885).

Heider, E. R. (1972). Universals in color naming and memory. *Journal of Experimental Psychology, 93*, 10–20.

今井 むつみ (2000). サピア・ワーフ仮説再考——思考形成における言語の役割，その相対性と普遍性—— 心理学研究, *71*, 415–433.

ジョンソン，G. 鈴木 晶（訳）(1995). 記憶のメカニズム 河出書房新社（Johnson, G. (1991). *The palaces of memory*. New York: Alfred A. Knopf.）

楠見 孝 (2002). メタファとデジャビュ 月刊「言語」，7 月号, 32–37.

Landauer, T. K. (1975). Memory without organization: Properties of a model with random storage and undirected retrieval. *Cognitive Psychology, 7*, 495–531.

Landauer, T. K. (1986). How much do people remember? Some estimates of the quantity of learned information in long-term memory. *Cognitive Science, 10*, 477–493.

Loftus, E. F., & Palmer, J. C. (1974). Reconstruction of automobile destruction: An example of the interaction between language and memory. *Journal of Verbal Learning and Verbal Behavior, 13*, 585–589.

Miller, G. A. (1956). The magical number seven, plus or minus two: Some limits on our capacity for processing information. *Psychological Review, 63*, 81–97.

Robertson, D., Davies, I., & Davidoff, J. (2000). Color categories are not universal: Replications and new evidence from a stone-age culture. *Journal of Experimental Psychology: General, 129*, 369–398.

Roediger III, H. L., & McDermott, K. B. Creating false memories: Remembering words not presented in lists. *Journal of Experimental Psychology: Learning, Memory, and Cognition, 21*, 803–814.

シャクター，D. L.　春日井 晶子（訳）（2002）．なぜ，「あれ」が思い出せなくなるのか──記憶と脳の 7 つの謎　日本経済新聞社（Schacter, D. L. (2001). *The seven sins of memory: How the mind forgets and remembers*. Boston, MA: Houghton Mifflin.）

Schank, R. C., & Abelson, R. (1977). *Scripts, plans, goals, and understanding*. Hillsdale, NJ: Erlbaum.

スペンス，J. D.　古田島 洋介（訳）（1995）．マッテオ・リッチ：記憶の宮殿　平凡社（Spence, J. D. (1983). *The memory palace of Matteo Ricci*. New York: Viking.）

Whorf, B. L. (1956). *Language, thought, and reality: Selected writings of Benjamin Lee Whorf*. Edited by J. B. Carroll. New York: John Wiley.

山鳥 重（2008）．知・情・意の神経心理学　青灯社

Ψ Chapter 5
学習と思考

森島泰則

1 学 習

「学習」というと，教科の勉強をしたり，試験勉強をしたりということをまず思い浮かべるだろう。また，楽器を習ったり，自動車の運転を習った経験を連想する人もいるだろう。学校の勉強でも，楽器でも車の運転でもそうだが，学習の前と後では，われわれの行動に違いがある。たとえば，ギターが弾けなかったのが弾けるようになったとか，光合成の仕組みが説明できなかったのができるようになった，というようなことである。したがって，学習とは，これらの行動や内的状態の変容をもたらす経験と言うことができる。

このような行動や内的状態の変容は，何に基づいて生じるのだろうか。前章の「記憶と認知」で学んだように，長期記憶にはさまざまな経験を通して記銘された情報が保持されている。さきほど例として挙げたギターの弾き方は手続き的記憶の例であるし，光合成の仕組みについての知識は命題的記憶（意味記憶）の例と言える。これらの長期記憶の情報をもとにわれわれの行動が実行されるわけである。したがって，長期記憶の形成，変容につながるさまざまな経験が「学習」であると言うことができる。

では，われわれの知識はすべて学習によるものなのだろうか。第1章でも触れたように，17世紀の英国の哲学者，ジョン・ロック（John Locke）は，人間（の脳）は，何も書かれていない書板（タブラ・ラーサ）のような状態で生まれ，経験（学習）を通じてそこに文字が書き込まれるように知識が「書き込まれる」と主張した。これが「経験論（empiricism）」と呼ばれる考え方である。一方，もしそうだとすると，そもそも何もない白紙の状態からどのように経験を通して学習ができるのだろうかという疑問が出る。つまり，学習能力，経験から知識を得る能力はどこからくるのかという疑問である。

経験論に対して，すべてでないにしろいくつかの能力や行動の傾向が生まれながらに備わっているとする考えを「生得論（nativism）」と言う。たとえば，目に向かってものが飛んで来たとき，自然にまぶたが閉じるとか，熱いものに触れたときにとっさに手を引っ込めるというような反射的行動は生得的なものと考えられている。その生得的な能力や機能は生理的なものに限られるのだろうか。たとえば，われわれ日本人は梅干しを見ただけで，また場合によっては「うめぼし」という言葉を聞いただけでも，口に唾液が出てくることを経験する。これも生得的なものだろうか。実は，梅干しを知らない外国人や幼児にはそのようなことはない。と言うことは，これは人間に共通する生得的な傾向とは言えそうにない。では，この現象はどのように説明できるだろうか。

2 学習のメカニズム：条件づけ

　ロシアの生理学者イワン・パヴロフ（Ivan Pavlov）は，犬を使って唾液の分泌の実験をしているとき，次のような発見をした。犬はエサを食べるとき唾液を出す。これは生体が本来もっている生理的な反応である。このときのエサのことを無条件刺激（unconditioned stimulus: UCS），唾液分泌反応を無条件反応（unconditioned response: UCR）と呼ぶ。ところが，犬にエサを与える際，いつもベルをならすということを繰り返していると，犬はベルを聞いただけで唾液を出すようになる（言うまでもなく，ただベルを聞いただけでは唾液の分泌は起こらない）。この場合のベルの音を条件刺激（conditioned stimulus: CS）と言い，唾液の分泌をパヴロフは「条件反射: conditioned reflex」と呼んだが，条件反応（conditioned response: CR）とも言う。このように，条件刺激（CS）と無条件刺激（UCS）を同時に提示することによって，条件刺激（CS）によって条件反応（CR）を引き起こすようになる過程を古典的条件づけ（classical conditioning）またはレスポンデント条件づけ（respondent conditioning）と呼ぶ。

　実は，梅干しを見たり「うめぼし」という言葉を聞いたりしただけで唾液が出るという現象もこの原理によって説明できる。つまり，はじめは，「うめぼし」という言葉や梅干しの写真は，もともとパヴロフの実験のベルの音に相当する条件刺激であって，梅干しを食べた経験がなければ，言葉を聞いたり，写真を見るだけでは唾液は分泌されない。梅干しを食べてみて，はじめて生理的反応として唾液が分泌されるという「無条件刺激⇒無条件反応」の過程が生じる。ところが，梅干しを食べるとき，唾液が出るだけでなく，当然「うめぼし」という言葉を聞いたり，梅干しの色や形を見る。これが繰り返されると，「条件刺激（梅干しという名前やイメージ）⇒条件反応（唾液分泌）」という連合が形成され，実際に梅干しを食べなくても，「うめぼし」と聞いたり，写真を見ただけで，唾液が出るようになるというわけである。

　アメリカの心理学者，エドワード・ソーンダイク（Edward Thorndike）は，猫を使って次のような実験を行った（Thorndike, 1911）。猫を実験用の箱に入れる。この箱は，内部にレバーがついており，それを押すと箱から出ることができ，箱の外にあるエサを取ることができるという仕組みになっている。猫は箱に入れられると，箱の中で動き回り，たまたまレバーを押してしまう。すると，箱が開いて外に出られる。これが繰り返されると，そのうち猫はレバーを押す行動しかしないようになる。ソーンダイクはこれを「試行錯誤学習: trial-and-error learning」と呼んだ。のちに道具的条件づけ（instrumental conditioning）またはオペラント条件づけ（operant conditioning）とも言われるようになる。

　古典的条件づけと道具的条件づけは，いずれも連合の強化として捉えることができる。パヴロフの犬の場合は，ベルの音がエサと結びつけられ，その連合が強化される。ソーンダイクの猫の場合には，レバーを押すこととエサの連合が強化されるにつれて，はじめはばらばらで雑多だった猫の行動が次第に特定の行動（レバーを押す）に収束していくのである。つまり，この例の場合，条件づけされる反応（CR）は「レバーを押すこと」で，「エサが与えられて食べること」が無条件刺激⇒無条件反応になる。条件づけがされるためには，レバーを押した直後に「エサが与えられて食べること」が生起することが必要であると言える。見方を変えると，レバーを押すという行動がエサを得るための手段または道具になっている。この条件づけが「道具的: instrumental」と呼ばれるゆえんである。このような連合の強化による学習の生理学的メカニズムとして，カナダの神経心理学者，ドナルド・ヘッブ（Donald Hebb）が提唱した「ヘッブの法則」がある。これは，2つのニューロンのシナプスで刺激が繰り返されるとつながりが強くなるというものである。

　これら2種類の条件づけの主な違いは，1つには，条件づけされる反応（CR）が，古典的

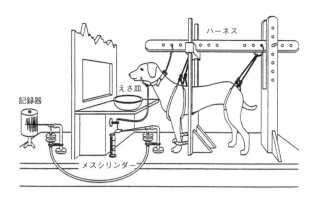

図 5-1.　古典的条件づけ：パヴロフの実験装置。

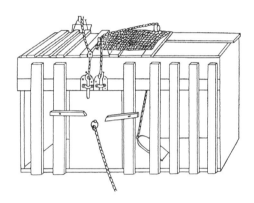

図 5-2.　道具的条件づけ：ソーンダイクの実験装置
（パズルボックス; Thorndike, 1911）。

条件づけ（レスポンデント条件づけ）の場合には特定の刺激によって受動的に生じるのに対し，道具的条件づけ（オペラント条件づけ）では，動物が能動的に環境にはたらきかけることによって，そのはたらきかけの反応が条件反応（CR）になるということである。次に，古典的条件づけでは，条件刺激（CS）が明確に提示されるのに対して，道具的条件づけでは，それが明確ではなく，繰り返すうちにだんだん明瞭になってくるという性質をもつ。

　心的な過程を排除した行動主義心理学は，このような条件づけの原理によって，行動を説明しようとした。そして，その結果，「心」という概念を研究対象から除外してしまった。近年発達してきている脳科学も「心」の問題を脳という物質的器官に還元して説明しようというのが考え方の主流のようである。しかし，ここで考えなければならないのは，この唯物論的還元主義のもとに自己完結している自然科学的思考でわれわれの行動や心的状態は説明しきれるのだろうかということである。

3　問題解決と思考

　条件づけのところで述べた，ソーンダイクの「試行錯誤学習」に対し異論を唱えたのが，1920年代から30年代にドイツで活発であったゲシュタルト心理学の研究者たちであった。彼らは，条件づけによる学習は過去の経験をもとに形成される問題解決（再生的思考: reproductive thinking）であるのに対し，問題解決を過去の経験によらず新たに構築する生産的思考

図 5-3.　ケーラーによるチンパンジーの実験（Köhler, 1925）。

（productive thinking）であるとして，その重要性を主張した。これは直感的，創造的思考とも言える。たとえば，有名なのがケーラー（Köhler, 1925）によるチンパンジー「スルタン」の実験である。ケーラーは，スルタンを部屋の中に入れ，ジャンプしても手の届かない高さに天井からバナナを吊り下げた。空腹なスルタンはバナナがとれないことに不満をあらわにした。部屋の隅に，1本の棒と木の箱があった。しばらくして，スルタンは棒を使ってバナナを叩き落とそうとしたが，バナナには届かなかった。それからまたしばらくスルタンは怒ったようにぐるぐる回り続けたが，突然，一目散に箱まで行き，それを引きずって来て，その上に登り，棒を使ってバナナを叩き落とし，手に入れた。ケーラーは，問題を解くためにスルタンがいろいろ考えているうちに突然解決法がひらめいた考え，これを「洞察: insight」と呼んだ。しかし，これには，スルタンが野生生活していた頃，学習していた可能性も考えられるという反論もある。もしそうだとすると，過去の経験によらない生産的思考というより，むしろ過去の経験をもとにした再生的思考と考えられる。また，バーチ（Birch, 1945）は，生後ずっと人間に育てられたチンパンジーはそのような洞察的行動を見せなかったと報告している。

　われわれは日常さまざまな問題に直面し，それを解決している。「問題」というと数学の問題などを思い浮かべる人が多いと思うが，ここで言う「問題」とはもっと幅広い用語である。たとえば，大学卒業後の進路をどうしようかとか，今日の夕食は何にしようかというのも「問題」である。一般的に，数学などの教科の中で出される問題や，パズルやクイズ，またチェスや将棋などは，行き着くべきゴールが明確であったり，そのためにできることが明確に定義されていたりする。たとえば，チェスや将棋では，それぞれの駒の動き，駒が存在できる環境（盤），最終ゴールなどが明確に定義されている。これに対し，先ほど挙げたような日常生活の中で出会う問題は，ゴールが不明確で，指し手（行動）やそれに付随するルールや制約も不明で，明確に定義できないという性質をもっている。前者を良定義問題（well-defined problem），後者を悪定義問題（ill-defined problem）と呼ぶ。

　アイゼンクとキーン（Eysenck & Keane, 2005）によれば，問題解決とは，以下のようなものである。

　　1）目的的である（つまり，ゴールに向かっている）。
　　2）自動的というより，むしろ認知的プロセスである。

図 5-4.　3 つの水瓶問題（初期状態）。

　　3）瞬時に解法を導く知識に欠けているときに，問題が成立する（つまり，すぐに解決できれば，問題ではない）。

　先ほど述べた「洞察」は，問題解決の 1 つの方法である。また，過去の経験に基づくものもある。ただし，これがいつも解決に導くというわけではない。たとえば，ある道具を使って問題解決に成功したとすると，他の問題場面でも，同じ道具のその使い方に固執してしまって，他の使い方（つまり機能）が適用できず，問題解決が成功しないということがある。これを機能的固執（functional fixedness）と呼ぶ。また，問題に遭遇したとき，その内容を考慮せず，過去の解決方法を機械的適用してしまうこともある。これを馴化（habituation）と呼んだりする。

　1970 年代になると，認知心理学的なアプローチで問題解決が研究されるようになる。代表的なものが，ニューウェル（A. Newell）とサイモン（H. Simon）による研究である。彼らは人工知能の技術を活用して，GPS（General Problem Solver）というさまざまな問題を解決することの可能なコンピュータ・プログラムを開発した（Newell & Simon, 1972）。これら一連の研究で，彼らはアルゴリズム（algorithm）とヒューリスティック（heuristic）の違いを明らかにした。アルゴリズムとは，問題解決のための方法がすでに明確に決まっており，その手順に従って機械的に行えば，ゴールに至るというようなものである。例として，料理のレシピが挙げられる。レシピに従って材料を用意し，示された手順に沿って料理すれば，望むものができあがる。これに対してヒューリスティックとは，その方法で行えば，問題解決に至ることが多いが，必ずそれが成功するという保証がないような問題解決方法のことである。いわゆる「定石」と言われるようなものがそうである。ニューウェルとサイモンは，とくに，手段 - 目的解析（means - ends analysis）というヒューリスティックを採用し，これによって高い問題解決能力をもつ GPS を開発した。

　もっと単純なヒューリスティックとして，現在の問題の状況と問題が解決されたときの状況（ゴール状態）を比較して，その差を小さくするような操作を行うという方法がある。たとえば，次の問題を考えてみよう（Atwood, Masson, & Polson, 1980）。ここに，容量が 8 リットル，5 リットル，3 リットルの 3 つの瓶があったとしよう。今，8 リットルの瓶に水がいっぱい入っている（図 5-4 参照）。

　これを「8，0，0」と表す。この水を 4 リットルと 4 リットルに分けたい。つまり，「4，4，0」としたい。その際，ある瓶から別の瓶に任意の量の水を注ぐことはできない。つまり，8 リットルの水を 5 リットルや 3 リットルの瓶に 2 リットルだけ移すことはできない。ただし，3 リットルの瓶がいっぱいになっていたとして，それを 5 リットルの瓶に注ぎ，その上で，2 リットル注ぐことはできる。なぜなら，5 リットルの瓶をいっぱいにすることになるからである。このような操作だけでどのように目的を達せられるであろうか。読み進む前に，試しにやってみるとよい。まず，初期状態「8，0，0」からできる操作は 2 つだけである。8 リットルの瓶から 3 リットルの瓶に水を移す「5，0，3」か，5 リットルの瓶に水を移す「3，

5，0」かである。3リットルの瓶に水を移したとすると，その結果，8リットルの瓶に水が5リットル，3リットルの瓶に水が3リットルという状態になる。次にどのような操作をするか。ゴール状態との差を小さくするという原則に従えば，3リットルの瓶から5リットルの瓶に水を注ぐのがよい。なぜなら，その結果，「5，3，0」となりゴール状態の「4，4，0」になる。このような操作を繰り返し，今の状態よりも次の状態ができるだけゴール状態に近くなるように水を移していると，この問題は解くことができない。つまり，どこかで今の状態より次の状態の方がゴール状態から遠ざかってしまうという操作をしなければ，この問題を解くことはできないのである。

　これに対し，手段−目的解析では，今の状態とゴールの状態を比較して，1つの操作でゴール状態に至らない場合に，サブゴールを設定し，その状態に至る方法を探るということを行う。そのサブゴールに1つの操作で至ることができない場合にはさらに次のサブゴールを設定するということを行っていく。たとえば，自宅にいて，手元にお金がないとしよう。どうすればお金を手に入れられるかを考えてみよう。ゴール状態は，手元にお金があるという状態である。たとえば，預金の口座からお金を引き出せば，お金を手に入れることができる。これがサブゴール1である。しかし，今，自宅にいるのだから，銀行の口座からお金を引き出すことができない。そこで，次のサブゴール2として，「銀行に行く」が設定される。銀行に行くには，どうするか。車で行けばよい。「車で移動する」が次のサブゴール3になる。ここで，車に乗ったとしよう。サブゴール3が達成できる。車で移動して，銀行に到着する。サブゴール2が達成できた。すると，銀行でお金を引き出すことができ，サブゴール1が達成され，ゴール状態の「手元にお金がある」が達成でき，問題が解決できる。この例は分かりやすくするために状況を極端に単純化しているが，手段−目的解析の基本は理解できたであろう。ニューウェルとサイモンは，この手段−目的解析をベースとするコンピュータ・システム，GPSでいろいろな問題解決をシミュレーションするだけでなく，心理学実験を行い，実際に人がこのような方法で問題を解決することを示した。

4　概念形成

　われわれの周囲には無数と言っていい事物が存在する。われわれがこの環境の中で生きていくためには，どのようなものが存在し，しかもそれが安全なのか，危険なのか，役に立つのか，立たないのか，などをたえず判断しなければならない。われわれは，これら諸々の事物を「犬」とか「猫」とか，また「果物」とか「野菜」とかという種類（カテゴリー）に分類する能力をもっている。もしわれわれがそのような能力をもたず，出会う事物を1つずつ別個に記憶していくとしたらどうなるだろうか。ある日茶色の犬に追いかけられたとしよう。別の日に今度は白黒のブチの犬に出会っても「犬は人を追いかけるから危険だ」という知識は役に立たない。なぜなら，茶色の犬とブチの犬は別個の存在であって，「犬」というカテゴリーはもっていないからだ。ブチの犬に追いかけられて汗をかいてはじめて，このブチの個体は自分を追いかけるという経験が記憶される。しかし，この経験によって，次に別のブチの犬に出会ったとき，その犬が危険だと判断することはできない。なぜなら，「ブチの犬」というカテゴリーとして一般化して認識する能力がないからだ。

　こう考えると，われわれが普段行っている思考には事物を分類し，概念として記憶するということが不可欠であるとこに気がつくだろう。ここで「概念: concept」というものを定義しておくと，あるいくつか事物について共通事項を総括し，抽象化，普遍化して捉えた心的表象のことと言える。さきほど，「カテゴリー」という用語も使ったが，これらの用語の区別は複雑なので，ここではほとんど同義の用語として扱う。

　概念の多くは，階層化して整理することができる。ロッシュ（E. Rosch）は，「上位カテゴリー: superordinate category」「基礎カテゴリー: basic category」「下位カテゴリー: subordinate category」という3段階の階層を提唱した。たとえば，「家具」は上位カテゴリー，「椅子」は基礎カテゴリーである。「椅子」の下位カテゴリーには「回転椅子」や「ダイニングチェア」や「ロッキングチェア」がある。ロッシュは，実験参加者にそれぞれのカテゴリーのさまざまな事物について，それらがもつ特徴や性質，属性を挙げてもらった。その結果，基礎カテゴリーが最も一般的で，そのカテゴリーの事物の特徴を表す情報量が多く，事物を分類するのに便利なカテゴリーであると解釈された。上位カテゴリーは，抽象性が高く，あまり情報量が多くなく，下位カテゴリーは他のカテゴリーとの弁別性が低いという結果であった。われわれが日常使うのは基礎カテゴリーである。このことをロッシュは次のような実験で確認した。参加者にいろいろな事物の絵を見せて，その名称を言ってもらった。その結果，基礎カテゴリーの名称が使われたのが1,595回であった。これに対し，上位カテゴリーはわずか1回，下位カテゴリーは14回であった（Rosch & Mervis, 1975）。

　基礎カテゴリーは，自然界のさまざまな物事がなす自然なまとまりということができる。これまでの研究によって，その性質はある程度理解されてきた。では，われわれがある物事の集合を「自然なまとまり」と見なす原則や基盤は何だろうか。つまり，概念やカテゴリーはどのように形成されるのだろうか。まず，古典的な概念観である「定義的特性理論: defining-attribute theory」に触れておこう。このような考え方の起源は古く，アリストテレスにまでさかのぼることができる。この理論によれば，概念は定義的特性の集合からなる。定義的特性とはある個別の事物がその概念の構成員であるために必要条件となる特性を言う。したがって，定義的特性を備えているか否かによって，ある事物がその概念の構成員であるかどうかははっきり区別されることになる。しかし，実際の概念はそのようにはっきりしたものではない。

　そこで提唱されたのが「プロトタイプ理論: prototype theory」と「エグゼンプラー理論: exemplar theory」である。プロトタイプ理論とは，概念にはプロトタイプと呼ばれるその概念を代表する中心的な構成員があるという理論である。このプロトタイプには2つの考え方があり，1つは，その概念を代表するのに最も適した具体的な事例とする立場である。たとえば，「鳥」というカテゴリーについて言えば，「コマドリ: robin」がプロトタイプであるとする。そして，ある個別の事物がこのプロトタイプと多くの特性を共有していたら，それをこのカテゴリーの構成員とする。もう1つの考え方は，プロトタイプはその概念の特徴的特性の集合，あるいは代表的表象とするものである。ここでいう特徴的特性は，定義的特性ではない。また，具体的な事例がもつ特徴でもなく，その意味では抽象的な表象と言える。たとえば，「鳥」のプロトタイプは，「体が羽毛で覆われ，翼，くちばしをもち，空を飛び，卵から生まれる」のように表現できるだろう。

　エグゼンプラー理論の基本的な考え方は，カテゴリーにはその見本となる特定の事例があるというものである。プロトタイプ理論との大きな違いは，具体性である。プロトタイプは抽象度の高い心的表象であるが，エグゼンプラーは，記憶されている具体的な事例を指す。したがって，たとえば，「鳥」カテゴリーのエグゼンプラーは，実際に目撃したコマドリやスズメやハトの記憶の集合であって，「コマドリ」という抽象化された心象やいくつかの特徴的特性のリストでもない。

　プロトタイプ理論もエグゼンプラー理論も，古典的定義的特性理論よりは概念をうまく説明できていると言える。カテゴリーの構成員の中にはより典型的なものとそうでないものがあるが，プロトタイプ理論はその説明にはとくにうまくはたらく。一方，エグゼンプラー理論は，概念学習が既有知識に依存するという事実をうまく説明できる。反面，いずれにも弱点はある。プロトタイプ理論は，プロトタイプの定義があいまいであるという問題点をもっており，エグ

ゼンプラー理論は，それぞれの概念について相当数の見本的記憶（エグゼンプラー）があるとすると，われわれの記憶量では間に合いそうにないという問題がある。

参考文献

Atwood, M. E., Masson, M. E., & Polson, P. G. (1980). Further explorations with a process model for water jug problems. *Memory & Cognition, 8,* 182–192.

Birch, H. G. (1945). The relationship of previous experience to insightful problem solving. *Journal of Comparative Psychology, 38,* 267–283.

ドルティエ，J.-F.　鈴木 光太郎（訳）（2018）．ヒト，この奇妙な動物：言語，芸術，社会の起源　新曜社（Dortier, J.-F. (2012). *L'Homme cet étrange animal, Aux origines du langage, de la culture et de la pensée.* Paris: Éditions Sciences Humaines.）

Eysenck, M. W., & Keane, M. T. (2005). *Cognitive psychology: A student's handbook.* Hove, UK: Psychology Press.

Guilford, J. P. (1967). *The nature of human intelligence.* New York: McGraw-Hill.

Köhler, W. (1925). *The mentality of apes.* London: Routeledge & Kegan Paul.

村上 宣寛（2009）．心理学で何がわかるか　筑摩書房

Newell, A., & Simon, H. A. (1972). *Human problem solving.* Englewood Cliffs, NJ: Prentice-Hall.

Rosch, E., & Mervis, C. B. (1975). Family resemblances: Studies in the internal structure of categories. *Cognitive Psychology, 7,* 573–605.

Spearman, C. E. (1927). *The abilities of man: Their nature and measurement.* London: Macmillan.

Thorndike, E. L. (1911). *Animal intelligence.* New York: Hafner.

Chapter **6**

知　能

直井　望

1 知能とは何か

　知能とはどのような能力を指すのだろうか。これまで，多くの研究者が知能を定義づけようとしてきたが，未だに定義は確立されておらず，どのような能力が「知能」であるかは，研究者によって異なっている。これまでなされてきた知能の定義には，抽象的思考能力（abstract thinking; L. M. Terman），学習する能力（W. F. Dearborn），新しい環境や状況に適応する能力（R. Pinter）などがある。忘れてはいけないのは，「知能」は心理的構成概念（psychological construct）であるということである。心理学が扱う対象の多く（たとえば，「注意」や「記憶」）は，内的で客観的に観察することが難しい心理的現象である。このような対象について，心理学は仮説的に概念を構成し，客観的に観察可能な人間の行動から捉えようとしてきた。「知能」もそのような心理的構成概念であり，さまざまな研究が行われてきた。

2 知能の構造

　知能というものがあると仮定すると，それがどのような能力からなるものなのか，という問いが立てられる。知能はいくつの要素（因子: factor）からなるか，ということについてスピアマン（Spearman, 1927）は2因子説（two-factor theory）を提唱した。2因子とは，あらゆる知的活動に共通して作用する知的能力である一般知能因子（general intelligence factor）と特定の知的活動（たとえば数学，英語など）に固有な因子である特殊因子（specific factor）のことで，この2種類の因子によって知能が構成されると考えた。

　サーストン（Thurstone, 1938）は，知能をすべての知的作業に共通する一般因子で説明するのは困難としてスピアマンを批判し，多因子説（multiple-factor theory）を提唱した。サーストンは，数（number），知覚速度（perceptual speed），視空間（spatial visualization），言語の意味（verbal meaning），記憶（memory），推理（reasoning），語の流暢性（word fluency）を知能の基本因子として，これを「基本的な精神能力: primary mental ability」と呼んだ。さらに，これらの基本的因子から共通因子が抽出されると考えた。

　ギルフォード（Guilford, 1967）はさらに，知能構造立体モデル（structure of intellect）を唱えた。ギルフォードは，知能を情報処理機能として捉え，情報の内容（情報の種類や型などの情報の特性），情報の操作（情報処理の心的操作），そして情報の所産（操作した結果）の3次元からなるモデルを考案した（図6-1を参照のこと）。3次元のそれぞれについて，内容は5種類，操作は5種類，所産は6種類の因子からなり，この3次元の要素の組み合わせが1つの知能因子を構成するため，知能は全部で150の知能因子から構成されると考える。ギル

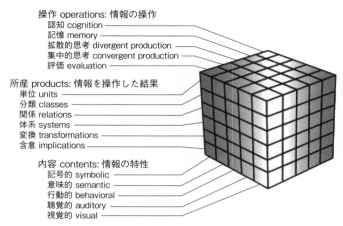

操作 operations: 情報の操作
　　認知 cognition
　　記憶 memory
　　拡散的思考 divergent production
　　集中的思考 convergent production
　　評価 evaluation
所産 products: 情報を操作した結果
　　単位 units
　　分類 classes
　　関係 relations
　　体系 systems
　　変換 transformations
　　含意 implications
内容 contents: 情報の特性
　　記号的 symbolic
　　意味的 semantic
　　行動的 behavioral
　　聴覚的 auditory
　　視覚的 visual

図 6-1.　ギルフォードの知能のモデル（Guilford, 1985）。

フォードのモデルは，その後さらに改訂が加えられた。情報の操作については「記憶」が「記憶の記録」（memory recording）と「記憶の維持」（memory retention）に分けられ6因子となり，全部で180もの因子が想定されている（Guilford, 1988）。

　このように，知能の因子構造を考えると膨大な因子が想定できる。しかし，これらの多因子からなる知能構造は，流動性知能（fluid intelligence）と結晶性知能（crystallized intelligence）の2つの共通因子に分けられると考えたのが，キャッテル（Cattell, 1963）である。流動性知能とは，新しい場面に適応する場合に働く能力であり，結晶性知能とは，経験を通して積み重ねられる知識と考えることができる。さらに，流動性知能は青年期，成人期以降，加齢にともなって低下していく一方，結晶性知能は成人期以後も上昇し続けることが示され，知能の発達の多次元が示されている。

　その後，キャッテルの2つの共通因子は弟子のホーン（J. L. Horn）によって10因子に拡大し，さらに，キャロル（J. B. Carroll）が知能の因子を3層構造にまとめた。これは第一層に70以上からなる個別の知能因子，第二層に10の共通因子，さらに最上層に一般知能因子を想定したものであり，CHC 理論（Cattell-Horn-Carroll theory）としてまとめられた。

　一方，これまでの知能についての議論は，言語や数学的な能力に重きを置きすぎており，人間の知能をより多元的に考えるべきだという研究者もいる。ガードナー（H. Gardner）は，人間には少なくとも7つの知能が存在するという多重知能理論（Theory of multiple Intelligences）を提唱した。ガードナーの知能には，言語的知能，論理数学的知能，音楽的知能，空間的知能，身体運動感覚的知能，対人的知能，内省的知能，博物学的知能，実存的知能が含まれ，これまでの知能のモデルに含まれなかったような音楽的才能や対人的なコミュニケーション能力も含まれているのが興味深い。

3　知能検査と知能指数

　これまで述べてきたとおり，知能の定義も知能の構造も，研究者によってさまざまに定義されてきた。一方で，知能を客観的に評価し，数値化するという試みも行われてきた。

　世界で最初の知能検査の開発を行ったのはフランスの心理学者ビネー（A. Binet）である。フランスでは1882年から無償の初等義務教育制度が開始された。その中で，勉強についていけず，留年を繰り返してしまう子どもたちがいることが明らかになってきた。当時，学業不振はその子どもが「怠け者で意志が弱い」からと考えられていたが，一方で学習困難は努力で解決するような問題ではなく，一人ひとりの子どもの特性に合わせた教育的支援が必要であると

いう考えもでてきた。どのような子どもにどのような支援が適切であるかを判断することを目的として，知能検査の開発が始まったのである。

　1905 年，ビネーは弟子のシモン（T. Simon）とともに，世界で初めての知能検査法を作成した。さらに，1908 年，1911 年の改訂を経て 10 年後の 1921 年に発表された。

　ビネーの知能検査では，1908 年の改訂において，検査される人の知的発達が何歳の水準に相当するかという「精神年齢」（mental age）という指標が考え出された。これは，検査項目を年齢別に配当し，その検査に通過する子どもが 50％の年齢を，その検査項目の相当年齢とするものである。

　ビネーの検査は，検査問題，実施方法，採点法などが明確に定められ，年齢による得点分布も確定している。このような手続きを標準化（standardization）と呼ぶ。ビネーの開発した知能検査は多くの国で翻訳され，それぞれの国に合うように検査法を作り直す再標準化がなされ，広く用いられるようになった（日本では田中寛一が，1943 年に『田中びねー智能検査法』として刊行している）。

　1916 年，ターマン（L. M. Terman）によって，アメリカでスタンフォード・ビネー検査として再標準化される際に，知能指数（Intelligence Quotient: IQ）が導入された。誕生日からの実際の年齢を「生活年齢」（Chronological Age: CA）と呼ぶが，ターマンの知能指数は次の式で表される。

$$IQ = \frac{精神年齢}{生活年齢} \times 100$$

　もしある人の知的発達段階が，その人の生活年齢相当であれば，精神年齢は生活年齢と一致するため，IQ は 100 となる。したがって，IQ が 100 より大きくなるほどその人の精神年齢，すなわち知的発達は実際の年齢よりも進んでいると見なされるわけである。ターマンの知能指数は，比較的計算が簡単で分かりやすい指標であるため，現在でもこの計算方法を用いて知能指数を算出する検査がある。しかし，ターマンの IQ の問題点として，IQ のもつ意味が生活年齢によって変化してしまうという点が挙げられる。たとえば，生活年齢が 10 歳の子どもがビネーの検査を受け，精神年齢が 5 歳と算出されたとする。この場合，この子どもの IQ は 50 である。同じように，生活年齢が 20 歳の人の検査結果は精神年齢 10 歳であるとする。この場合も IQ は 50 であるが，同じ IQ50 であるからと言って，この 2 人の知能は同じ水準とは言えない。

　1960 年の改訂において，同じ生活年齢の集団の中でその人の知的水準がどのくらいの位置にあるかを表す偏差知能指数（偏差 IQ）が導入され，広く用いられるようになった。これは，どの生活年齢集団においても平均が 100，標準偏差が 16 になるように IQ を算出する方法で，以下の式で表される。

$$偏差IQ = \frac{当該個人の実際の得点 - 該当生活年齢集団の平均}{該当生活年齢集団の標準偏差} \times 16 + 100$$

　現在，さまざまな知能検査があるが，それらの間の相関は 0.8 程度と言われており，ある程度共通の属性を計測していると考えられる（村上，2009）。

4　知能検査の適用方法

　ビネーが知能検査を開発した目的は，一人ひとりの子どもの特性に合わせた教育的支援法を計画するためであった。では，教育や発達臨床の現場では，どのように知能検査の結果が利用されているのだろうか。

　現在最も利用されている知能検査はウェクスラー（D. Wechsler）が考案したものである。ウェクスラーは，知能を「目的的に行動し，合理的に思考し，能率的にその環境を処理しうる総合的・全体的能力」と定義し，言語理解，ワーキング・メモリ，知覚推理，および処理速度の4つの指標についてそれぞれ複数の下位検査項目があり，結果から各4指標と全検査項目についての偏差 IQ を算出できる。知能検査に初めて偏差 IQ を導入したのはウェクスラーであり（Wechsler, 1955），これ以降ビネー検査を含め多くの知能検査が偏差 IQ を用いている。

　この検査の重要な点は，結果から検査の対象となった子どもが同じ生活年齢集団の中でどのくらいの水準にいるのかということだけでなく，その子ども個人内で4つの指標間にどのくらい差があるかを評価できるところである。つまり，個人の知的能力の中での相対的な得意，不得意を評価することができる。

　例として，学級の中で成績がふるわない生徒がいると考えてみよう。この子どもの難しさはどのような知能のあり方によるのか，知能検査の結果から考えてみる。もしこの子どもが知覚推理および処理速度が相対的に高く，言語理解とワーキング・メモリ指標を苦手としているのであればどのような支援が考えられるだろうか。この子どもは視覚的な処理，つまり絵や図の理解や操作は比較的得意である一方，言葉の理解や操作などの聴覚的な処理は苦手である可能性がある。よって，支援の例としては長い文章で説明することは避け，絵や写真などの視覚的な手がかりを用いたり，具体物を用いて実践させたりする方法が有効である可能性がある。それでは，逆に言語理解とワーキング・メモリ指標は相対的に高く，知覚推理および処理速度を苦手としていることが分かった場合，この子どもにはどのような支援が考えられるだろうか。先の例とは違い，絵や図を用いるのではなく，言葉で説明を加える，言葉で定義づけるなどの方法が有効に働く可能性がある。

　このように，知能検査には日常の学校生活における学習からだけでは気がつきにくい学習者の相対的な知的能力のバランスを評価することができ，教育的な支援に適用できる。一方で，知能検査の結果にはさまざまな要因が影響を与え，その解釈には慎重であるべきである。

5　知能検査への批判

　知能検査の批判として挙げられるものに，知能検査は，作成された社会・文化で重要とされている項目を多く含むため，社会・文化的な背景が結果に影響があるという点がある。また，検査が実施される言語も知能検査の遂行に影響してくる。第二言語で知能検査を受ければ，第一言語で受けるよりもスコアが下がることが考えられる。そこで，特別な文化・社会的な知識や言語理解を必要としない知能検査の開発も行われている。図 6-2 に示したレーヴン漸進的マトリックス（Raven's Progressive Matrices）は，言語や社会・文化的影響も少ない知能検査として開発され，空欄に当てはまるものを選択することで，抽象的な思考能力を測ることを目的としている。

　さらに，知能検査の得点や IQ の数値には個人のもつ困難が反映されないことも多い。IQ が 100 以上であれば日常生活で何の問題もなく，低ければ問題，というわけではないのである。さらに，知能検査によって知的能力のすべてを測れるわけではない，という点も忘れてはなら

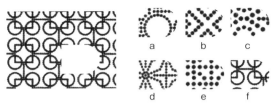

図6-2.　レーヴン漸進的マトリックス（模式図）
（Shaffer & Kipp, 2013 を改変）。

ない。知能検査によって，友達との関係や音楽的才能，創造性などを測ることはできない。

　知能という心理的仮説概念についてさまざまな研究が行われ知能検査が開発されてきた。つまり知能という心理的仮説概念を，客観的に観察可能な行動から捉えるために知能検査が開発されてきたのである。操作的に定義すると「知能とは知能検査によって測定されたものである」（Boring, 1923）が，知能検査は人間の知的な能力のある側面について測っているにすぎないということを忘れてはならない。

参考文献

Binet, A., & Simon, T.（1905）. Methodes nouvelles pour le diagnostic du niveau intellectuel des anormaux. *L'Année Psychologique, 11,* 191–244.

Boring, E. G.（1923）. Intelligence as the tests test it. *New Republic, 35,* 35–37.

Cattell, R. B.（1963）. Theory of fluid and crystallized intelligence: A critical experiment. *Journal of Educational Psychology, 54,* 1–22.

Gardner, H.（1983）, *Frames of mind: The theory of multiple intelligences*. New York: Basic Books.

Guilford, J. P.（1967）. *The nature of human intelligence*. New York: McGraw-Hill.

Guilford, J. P.（1985）. The structure of intellect model. In B. B. Wolman（Ed.）, *Handbook of intelligence*. New York: John Wiley.

Guilford, J. P.（1988）. Some changes in the Structure-of-Intellect Model. *Educational and Psychological Measurement, 48,* 1–4.

村上 宣寛（2009）. 心理学で何がわかるか　筑摩書房

Raven, J., Raven, J. C., & Court, J. H.（1998）. *Manual for Raven's Progressive Matrices and Vocabulary Scales, Section 1: General Overview*. San Antonio, TX: Harcourt Assessment.

Shaffer, D. R., & Kipp, K.（2013）. *Developmental psychology: Childhood and adolescence*（9th ed.）. Belmont, CA: Wadsworth.

Spearman, C.（1927）. The abilities of man their nature and measurement. *Nature, 120,* 181–183.

Terman, L. M.（1916）.*The measurement of intelligence*. Boston, MA: Houghton Mifflin.

Thurstone, L. L.（1938）. *Primary mental abilities*. Chicago, IL: University of Chicago Press.

Wechsler, D.（1955）. Wechsler adult intelligence scale manual. New York: Psychological Corporation.

こころと行動の発達：乳幼児の発達を中心に

直井 望

1 こころと行動の発達を研究する

　「発達」とは，ある特定の対象の時間的変化を指す。発達心理学は人間の心身が時間的推移によってどのように変化していくのか，つまり，人間のこころや行動の発達の仕組みや法則を明らかにすることを目的としている。心理学の研究の多くは成人を対象としているが，成人に見られる知覚・感覚処理やさまざまな認知メカニズムは，固定的なものではなく時間的経過の中で変化していく。発達心理学は，このような時間的な変化からこころや行動の機序を明らかにしようとする学問である。

　それでは，発達心理学で扱う時間的変化は人生のいつからいつまでの範囲を対象とするのであろうか。かつては，幼児の発達は出生以降から，つまり母親の胎内から外に出てから研究されることが多かった。しかし，現在では，人間の発達を母親の胎内にいる時期から観察できるような手法が開発され，出生前の発達についても発達心理学の対象となっている。たとえば，4D 超音波スキャン（4D ultrasound scan）を用いると，母胎内にいる胎児の身体運動や表情をほぼリアルタイムで観察することができ，発達の初期からさまざまな行動の発達を研究することができる。近年，4D 超音波スキャンを用いた研究が多く行われ，生まれる前の胎児においても感覚処理や運動の発達が見られることが明らかになっている。たとえば，聴覚の発達を見てみると，母親の胎内にいる胎児は在胎週数 24–26 週くらいから胎外の音に反応して身体を動かすようになる（Hepper & Shahidullah, 1994）。ただし，胎児は母体の子宮内を満たす羊水の中にいるため，5,000 Hz 以上の高い周波数成分はカットされて胎児の耳に伝達される。よって，このとき胎児が処理している音はわれわれ成人が聞いているものとはかなり違う音なのである（Gerhardt & Abrams, 2000）。

　人間の発達を調べることができる起点が出生前，母胎内にあるとすると，終点はどこになるのであろうか。「発達」という言葉から連想されるイメージには能力の獲得と成長がある。一方，年齢を重ねるに従って，徐々に衰退したり失われたりする能力もある。たとえば，第二言語の獲得能力を考えてみよう。ジョンソンとニューポートは，生まれて最初に獲得した言語である第一言語は中国語または韓国語であり，その後アメリカで生活する移民を対象に，彼らにとっての第二言語である英語の文法能力を調べた。その結果，アメリカに移住してからの滞在年数ではなく，何歳で移住したかが英語の文法テストの成績に影響を与えることが明らかになった。図7-1 に示したように，移住年齢が 7 歳よりも前である場合，文法テストの成績はアメリカで生まれ育った人と変わりなくネイティブレベルであるのに対して，7 歳を過ぎると，徐々に成績が低下していくのである。つまり，第二言語を獲得する能力は年齢とともに低下していくと考えられる（Johnson & Newport, 1989）。

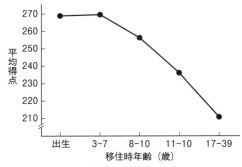

図 7-1.　第二言語の獲得能力（移住時年齢と英文法の
成績の関係）（Johnson & Newport, 1989 を
改変）。

　さらに，加齢について，ドイツの心理学者のポール・バルテス（P. Baltes; 1939–2006）は年
齢を重ねることによって蓄積される能力もあると主張し，生涯を通じて人間は成長と衰退を繰
り返しながら発達し続けるという「生涯発達」（life-span development）の概念を提唱した。
近年，平均寿命が延び，成人期以降の人生が長くなったという背景もあり，加齢によるこころ
や行動の変化について研究することの重要性も増している。これらのことから，人間の発達は，
出生前つまり受胎から死に至るまでの時間軸で捉えることができると言えよう。

2　発達の研究方法

　人間の心身の時間的変化を明らかにするための研究方法として，さまざまなものがある。発
達研究で歴史的によく使われてきた方法として，自然観察がある。この方法を用いて初めて幼
児の観察を行い論文にまとめたとされるのが進化論で有名なダーウィン（Charles Darwin;
1809–1882）である。ダーウィンは，1877 年に「一人の子どもの伝記的素描 Biographical
Sketch of an Infant」というタイトルで自分の息子を観察し記述した短い論文を出版した。そ
の一部を紹介しよう。

　　「視覚については，彼はすでに（生後）9 日目にはロウソクの火を注視したが，45 日目
　　に至るまで他の物に注視することはなかった。しかし，49 日目に，彼の注意は色鮮やか
　　な飾り紐（tassel）に向けられた。彼の目が注視するとともに，腕の運動が止まったので
　　ある。驚くべきことに，速い速度で揺れる物体を追視する能力が発達するのは非常に遅
　　かった。生後 7 ヶ月半の時点でも，彼はこれを上手に行うことができなかった。生後 32
　　日で，彼は 3 インチか 4 インチ（10 cm くらい）離れたところから母親の胸を知覚した。
　　これは，彼が唇を突き出し，胸を注視したことによる」（Darwin, 1877）。

　この短い記述からも，人間の視覚の発達についての重要な発見が分かる。生まれて数日の新
生児は，大人と同じようには物を注視することができないのである。また，動くものを追視す
ることは静止したものを注視することよりも遅く発達するのである。さらに，注視できる距離
も限られていることも分かる。

　このように家庭や学校などでなされる自然な状況の観察は，幼児の日常の自然な状況が観察
できるという長所がある。一方，短所としては，観察者の存在が対象幼児の行動を変化させる
可能性がある。観察者の存在が観察の対象の反応に影響を与えてしまうことを観察者効果
（observer effect）と呼ぶ。また，観察法の問題点として，観察者自体が，自分が見出したい
と思っている現象に目を向けやすく，それ以外の現象を見落としてしまう傾向，つまり観察者

バイアス（observer bias）があるという点も挙げられる。このような観察者バイアスをできる
だけ少なくするために，複数の観察者が同時に反応を記録し，その一致率を評価するという方
法が広く用いられている。また，自然観察では，日常場面での自然な行動が観察できる一方で，
その時々の状況でさまざまな要因が混入するという問題点がある。客観的かつ詳細に自らの第
一子（論文内では Doddy というニックネームで記述されている）について観察したダーウィ
ンの論文においてさえも，「この子は……（中略），すぐに誰もが羨むほど正直で，開放的な，
優しい子に育った he soon became as truthful, open, and tender, as anyone could desire.」とい
うダーウィンの父親らしい愛情に溢れた主観的な記述が見られる。と同時に，客観的に観察す
るというのは非常に難しいことだということも分かる。

　そこで，実験法によって実験条件を操作し，研究の対象者の行動がどう変化するかを厳密に
評価することがある。この場合，実験者が操作させる変数を独立変数（independent varia-
ble），独立変数によって変化する変数を従属変数（dependent variable）と呼ぶ（第1章参照）。

　発達心理学の研究者は，乳幼児を対象として研究をするために特別な実験方法を開発してき
た。大人を対象に実験を行うのと比較して乳幼児を対象とすることの難しさを考えてみよう。
まず，第一に言語による教示を行うことができない点が挙げられる。言語を獲得する前の乳幼
児に「モニタを見続けてください」と教示をしても多くの場合，教示のとおりにはしてくれな
いだろう。また，第二に，言語で回答するような課題も実施することが困難である。たとえば，
「2つの画像の異なる点を教えてください」，「この動画を見ているとどのような気持ちになり
ますか？」などと尋ねても乳幼児は答えてはくれない。さらに，運動反応も未発達のため，ボ
タン押しのような微細な運動が必要な課題の実施も難しい。それでは，どのように乳幼児の知
覚や認知を調べることができるだろうか。発達心理学でよく用いられる乳幼児を対象とした研
究法には選好注視法（preferential-looking technique），そして馴化・脱馴化法（habitua-
tion-dishabituation technique）が挙げられる。

　選好注視法は1950年代後半からファンツ（R. L. Fantz; 1925–1981）によって確立された方
法である。この方法では，まず乳児に複数の視覚刺激を提示する。複数の視覚刺激は継時的
（1つ1つ順番に）または同時的（複数の刺激が同時に）に提示される。乳児は視覚刺激を注
視するが，しばらくすると飽きて注視しなくなる。このとき，それぞれの視覚刺激への注視時
間を測ることができる。もしある刺激（刺激A）への注視時間が他の刺激（刺激B）への注視
時間よりも長かった場合，その乳児は刺激Aを刺激Bよりも「選好」していると解釈する。ま
た，刺激によって注視時間の偏りがある場合，それらの刺激を「弁別」つまり区別していると
考える方法である。ファンツの実際の実験（Fantz, 1963）を見てみよう。ファンツは仰向け
に寝た状態の乳幼児に対して，さまざまな視覚刺激を1つずつ提示していき，それぞれの注視
時間を計測した（図7-2）。そして，模様がないものよりは模様がある刺激が，そして模様の
ある刺激の中では顔のような模様がついている刺激への注視時間が長いことを明らかにした。
この傾向は生まれて48時間以内の新生児においてから生後6ヶ月に至るまで一貫していた。
この実験における独立変数とは視覚刺激の模様の違いであり，従属変数はそれぞれの刺激への
注視時間である。

　ファンツはその後の実験で2つの刺激を乳児に並べて提示し，1つの刺激は毎試行同じ，も
う1つの刺激は毎試行変化するように提示した（Fantz, 1964）。その結果，乳児は繰り返し提
示される同じ刺激よりも，新たな刺激である新奇刺激を長く注視することが示された。この特
性が利用されたのが馴化・脱馴化法である。この方法も選好注視法と同様に，乳幼児の注視反
応を指標に複数の視覚刺激の「弁別」を明らかにする方法である。馴化・脱馴化法は「馴化
フェイズ」と「脱馴化フェイズ」の2つのフェイズに分けられる。まず馴化フェイズでは同一
の刺激を繰り返し提示する。乳幼児は，最初は刺激を注視しているが，何度も同じ刺激が提示

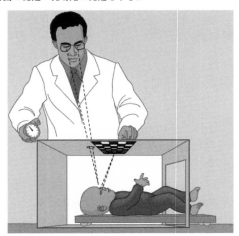

図 7-2.　選好注視法の実験構造（Cook & Cook, 2005
を改変）。

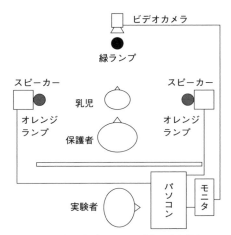

**図 7-3.　選好注視法によって聴覚反応を捉える
実験の構造**（直井・山本, 2007 を改変）。

されると飽きてきて見なくなる，つまり注視時間が減少する。このように「馴化フェイズ」の
目的は刺激に「飽きさせる」，つまり馴化させることなのである。十分に刺激に馴化した後，
脱馴化フェイズに移行する。「脱馴化フェイズ」では，「馴化フェイズ」では提示されなかった
新奇な刺激が提示される。ある対象に馴化したのち，異なる新奇な刺激が提示されると乳幼児
は，再び刺激を注視するようになる。これを「脱馴化」すると言う。つまり，新奇な刺激に対
して注視時間が回復するのである。もちろん，「脱馴化フェイズ」において，馴化フェイズと
同様の刺激が提示されれば注視時間は回復しない。よって，「脱馴化フェイズ」において実際
に注視時間の上昇が起きる，つまり脱馴化が生じれば，馴化した刺激と新奇刺激を弁別してい
たと解釈できる。

　選好注視法や馴化・脱馴化法はどちらも視覚刺激への注視時間を指標に刺激への選好や弁別
を評価する方法であるが，視覚刺激だけでなく聴覚刺激への反応も評価することができる。こ
の場合，視覚刺激を提示中に聴覚刺激を提示し，視覚刺激への注視時間を記録する。たとえば，
選好注視法を用いて，聴覚刺激への反応を調べる場合，図 7-3 のようなセッティングを用いる。
乳児の正面に緑色のランプが，左右にオレンジ色のランプが設置されている。まず，正面の緑
色のランプを点滅させ，乳児がランプに注視した時点で，左右いずれかのオレンジ色のランプ

を点滅させる。オレンジ色のランプを乳児が注視したと同時に聴覚刺激（刺激A）を提示する。聴覚刺激が提示されている間，オレンジ色のランプは点滅し続けるが，乳児が飽きて注視をやめると同時に聴覚刺激も停止する。次に，また正面の緑色のランプが点滅し，それを注視すると前回とは反対側のランプが点滅し，異なる聴覚刺激（刺激B）を提示する，という流れである。聴覚刺激AとBがそれぞれ提示されている間のオレンジ色のランプへの注視時間を調べることで，乳児がどちらの聴覚刺激を選好していたか，また両者の刺激を弁別していたかが検討できる。

　実験法には，自然観察と比較すると乳児の行動を変化させるさまざまな要因を統制できるという長所がある。一方で，実験場面が日常場面とかけ離れた不自然なものである場合，乳児の日常的な反応を反映しない可能性があるという短所がある。よって，研究する対象によってふさわしい研究法を選択する必要がある。

3　異なる年齢の発達を比較する方法

　発達を研究する場合，異なる月齢や年齢の人を比較し，時間的経過によってどのような変化が起こるかを調べるということが行われる。異なる年齢集団の比較方法として横断的デザイン（cross-sectional design）と縦断的デザイン（longitudinal design）がある。

　横断的デザインとは，異なる年齢集団からデータを収集し，それぞれの年齢集団の特徴を明らかにする方法である。たとえば，5歳，10歳，15歳でいくつの数字の復唱ができるかを評価する「数唱課題」を実施し，正しく復唱できた数字の数から，短期的な記憶能力であるワーキング・メモリの能力の発達を検討する，という実験を想定してみよう。検査者が「3，7，2，4，9，5，…」とランダムな順番で数字を言い，それを子どもたちに同じように言ってもらうのである。このとき，横断的デザインでは，5歳，10歳，15歳の子どもたちはすべて異なるグループ（5歳児群，10歳児群，15歳児群）である。

　縦断的デザインとは，ある個人や同一の集団を長期にわたって追跡して収集したデータからそれぞれの年齢集団の特徴を明らかにする方法である。特定の集団を追跡調査することから，フォローアップ研究（follow-up study）とも呼ばれる。前述のワーキング・メモリの研究の例で考えると，5歳，10歳，15歳の子どもたちはすべて同じ子どもからなる。つまり，同じ子どものグループを，まず子どもたちが5歳のときに評価し，5年後に10歳の時点で同様の評価を行う。さらに5年後の15歳のときに再度評価する，というわけである。

　横断的デザインの長所として，縦断的デザインと比較して速く研究を進めることができるという点が挙げられる。たとえば，10歳と20歳の年齢である能力の比較を行いたいと考えたとき，縦断的デザインで研究を行えば，10歳の集団が20歳に成長するのを待たなければいけないため，10年間かかることになる。しかし，横断的デザインで研究を行えば，10歳と20歳の別々の集団を集めて比較すればいいので10年もの間子どもたちの成長を待たなくてよいのである。現在行われている発達研究の多くが横断的デザインを採用しているものと思われるが，横断的デザインには短所もある。それは，個人差（individual differences）が発達に与える影響について検討できない，ということである。横断的デザインでは，異なる年齢の別々の集団を比較しているので，10歳のときにこのような特徴をもっている人は，20歳のときにこのように成長するであろう，というような予測を立てることは難しい。また，横断的デザインの短所として，コホート効果（cohort effect）や時代効果（period effect）が混入するという可能性も指摘されている。

　コホート（cohort）とは，共通の特性をもつ集団のことであり，横断的デザインでとくに問題になるのは，出生年が類似している出生コホート（birth-cohort）である。出生コホートは，

発達が類似の社会，歴史的条件のもとで起こっている人々の群である。同年代に生まれた人々は異なる時代に生まれた人々とは共通しない環境を共有しており，そのような環境的な差が長期的に発達に影響してくる可能性がある。これを出生コホート効果（birth-cohort effect）と呼ぶ。

　時代効果とは，出生コホート効果とは違い，ある特定の出生年ではなく，自然環境や社会環境など時代によって社会全体に及ぶ影響要因のことである。流行や景気による影響が考えられる。たとえば，年齢にかかわらずインターネットの使用率は高まっていることが挙げられる。50年前であれば，インターネットの使用は一部の人に限定されていただろうが，今日では，乳幼児がインターネット動画を自分で操作をして見たり，高齢者がインターネットを通じて買い物をしたりすることは珍しいことではない。

　一方，縦断的デザインでは，横断的デザインとは違い，個人差を検討できるという長所がある。また，出生コホート効果を統制できる点も長所の1つである。一方，短所として研究が長期間にわたるため，時間，労力，費用がかかるという点が挙げられる。さらに，長期間の研究期間の間に，研究の対象者にはさまざまな環境の変化が起こる可能性がある。引越しや病気，死亡などの理由によって，追跡調査ができなくなる可能性もある。さらに，複数回研究に参加する必要があることから，練習効果（practice effect）が生じてしまう可能性もある。また，縦断的デザインでは出生コホート効果は統制できるが，世代間格差の問題（cross-generational problem）が生じてしまう可能性がある。ある時代，たとえば昭和初期において10歳の子どもたちを評価し10年後20歳になった時点で再度評価を行う縦断的研究を行ったとする。同様の研究を，この令和の時代に行ったとしても同様の結果が得られるだろうか。昭和初期と令和の時代では，子どもが生きる家庭環境，教育環境，栄養や医療の環境などが異なっており，このような世代間の違いが縦断的研究の結果に影響してしまう可能性がある。

　ここまで述べてきたとおり，横断的デザインと縦断的デザインにはそれぞれ長所と短所がある。それぞれの長所を合わせたのが横断系列デザイン（cross-sequential design）である。このデザインでは，ある年齢の集団に対して横断的調査を実施した後で，同じ集団に縦断的調査を実施する方法である（Schaie & Strother, 1968）。たとえば，ある年に5歳児と10歳児を比較する横断的研究を行う。そして縦断的デザインを用いて5年後に再度10歳と15歳の時点で評価を行う。この時，最初の調査で10歳であった子どもと，5年後に10歳である子どもは異なる子どもたちのグループである。

　発達研究の多くは横断的研究である。これは，研究を実施するための研究費が数年単位で与えられるため，数年間で研究成果を出さなければならないという理由によるところが大きい。しかし，縦断的研究（フォローアップ研究）もさまざまな規模で行われている。それぞれの研究法には長所，短所があり，データの解釈はいつ・どこで，どのようなデザインを用いて行われた研究かに注意を払い，慎重に行うべきである。

4　発達に影響を与える要因

　発達に大きく影響を与える要因として遺伝と環境がある。歴史的に「生まれか育ちか」の論争は長く行われてきたが，発達の研究者たちは自らのデータに基づいてこの論争をさらに発展させてきた。

　発達を促進させるのは主に遺伝的要因であると主張するのが成熟説である。ゲゼル（A. L. Gesell; 1880-1961）は，一卵性双生児の一方にある特定の運動技能を訓練し，他方には訓練を行わないという双生児統制法（co-twin control method）を用いて，発達による遺伝と環境要因の寄与について検討を行った。ゲゼルの研究の結果は早い時期から訓練を行うことが必ずし

も運動の習得を効果的にしていないことを示したことから，ゲゼルは，発達は成熟によって決まると主張した。また，学習を効率的にするためには，学習者の心身が一定の成熟状態に達していることが必要だと主張し，この準備状態のことをレディネス（readiness）と呼んだ。

　一方，ワトソン（J. B. Watson; 1878–1958）は行動主義（behaviorism）と呼ばれる心理学の一分野の始祖とされる研究者であり，発達における学習の役割を重視した。ワトソンの有名な発言として以下のようなものがある。

　　　「健康な 12 人の乳児と，育児ができる自由な環境を与えてくれるのであれば，私は遺伝的と言われるものは関係なしに，医者，芸術家，大商人，どろぼう，乞食まで，さまざまな人間に育て上げることができる」。

　どのような両親のもとに生まれようとも，育てる環境でどのような人にもなりうるというワトソンの発言から，ワトソンが発達において環境を重視していたことがよく分かる。幸運にもワトソンにはこのような自由な環境は与えられなかったため，12 人の子どもたちを育てることはなかった。

　ワトソンはまた，非常に悪名高い「アルバート坊やの実験」を行った人物としても有名である。彼は，大学院生のレイナーとともに，新生児に恐怖を学習させる実験を行った（Watson & Rayner, 1920）。この実験では，まず，アルバートという名前の乳児にさまざまなものを見せる。たとえば，燃えさかる炎，イヌ，サル，ウサギ，そして白い小さなネズミなどである。小さなアルバートは炎や動物に対してまったく怖がる様子を見せない。特にネズミに興味を示し，手を伸ばして触ろうとする様子さえ見せる。その後，アルバートに対して「恐怖条件づけ: fear conditioning」と呼ばれる手続きを行うのである。恐怖条件づけでは，アルバートがネズミに触れるたび，背後で大きな音を響かせるのである。大きな音に対して驚いたアルバートは泣き出してしまう。これを何度か繰り返すと，アルバートは白色のネズミを見ただけで（大きな音がしていなくても）怖がり泣くようになった。さらに，アルバートは白色のネズミだけでなく，ウサギや毛皮のコート，白いひげがついたサンタクロースのマスクなども怖がるようになった。このように条件づけられた刺激のもつ要素（色や形態など）を有する他の刺激に対しても条件づけられた反応（この場合は恐怖反応）が生起することを，般化（generalization）と呼ぶ。

　アルバートに行われた恐怖条件づけはどのくらい持続したのだろうか。ワトソンは講演会などで「アルバートは大人になっても白いものや毛皮を怖がった」といった内容を公表しており，そのような記述を発達心理学の教科書で見ることがある。しかし，実は「アルバート坊やの実験」後，既婚者であったワトソンは共同研究者であり大学院生であったレイナーに恋愛感情を抱き，さらにレイナーに宛てたラブレターを新聞に公表されるというスキャンダルのため大学を退職し，広告代理店に転職している（その後ワトソンはレイナーと再婚している）。ワトソンが職を辞する際に研究に関連する書類をすべて廃棄してしまったため，アルバートがその後どうなったかを追跡することは困難であった。近年，アルバートのその後に興味をもった研究者たちが病院の出生記録などを使ってアルバート探しを始め，2 人のアルバート候補が浮上した（Beck et al., 2009; Powell et al., 2014）。「アルバート坊やの実験」は動画で記録されているため，アルバートの反応からさまざまな発達的評価を行って論文の記録との整合性を検討した結果，おそらく William Barger という名の男性が「アルバート坊や」の可能性が高いとされている。彼は，2007 年に 87 歳で亡くなっていたが，彼の姪の記憶から，アルバートが成長しても毛のある動物を怖がったという報告がされている。しかし，彼には自分がワトソンの実験の参加者であるという自覚はなく，子どもの頃，犬が事故で死んでしまうのを見て犬が嫌いになった，と姪には話しており，犬への恐怖反応がワトソンの恐怖条件づけとどこまで直接的に

関連しているかは明らかではない。

　「アルバート坊やの実験」は，乳幼児に恐怖を条件づけたという点で，倫理的に問題があり，現在このような実験は行われていない。現在では，乳幼児を対象とした研究は，できるだけ対象となる子どもたち（とその養育者）の身体的・精神的負荷を最小限にするように計画され，また研究の実施により引き起こされるコストと，結果がもたらす利益の観点から，研究機関の倫理委員会によって厳しく審査されている。

　ゲゼルの成熟説は，ゲゼルの研究の多くが運動機能の発達に焦点を当てていたため，運動領域の発達にしか適用できないという批判があった。また，ワトソンの環境説も，遺伝的要素を軽視しているという批判があった。

　シュテルン（Stern, 1935）は，発達には遺伝と環境の両方の要因が重要とする輻輳説を提唱した。これは，発達は遺伝と環境との総和であるが，遺伝と環境の寄与は，相対的に異なるという考えである。たとえば，身長の発達を見てみると，遺伝の影響が強い（背の高い両親から生まれた子どもは背が高い傾向にある）が，環境の影響もある（栄養価の高い食べ物を多く摂取すれば背が高くなる傾向にあり，飢餓状態にあれば背が高くなりにくい）。身長の伸びは，遺伝要因と環境要因の総和から決定されると考えるのである。一方，音楽の才能を考えてみると，遺伝の環境もあるが環境の影響が強いと考えられるだろう。優れた音楽家の両親のもとに生まれた子どもが，20歳をすぎてピアノに触れたのが初めてであったのにもかかわらず，プロの音楽家並みにピアノが演奏できる，ということは考えにくい。

　輻輳説は，遺伝と環境要因が互いに影響し合う相互作用を想定していなかったが，その後多くの研究が遺伝と環境が互いに関係し合って発達を支えていることを示唆している。ジェンセンによる環境閾値説（environmental threshold theory; Jensen, 1969）によると，もって生まれた遺伝的能力を伸ばすためには相応の環境が必要である。つまり，身長の伸びを例に考えてみると，背の高い両親から生まれた子ども，つまり背が高くなる遺伝的要素をもつ子どもが，栄養価の高い食べ物を多く摂取する環境に置かれれば，その身長はかなり高くなることが想定される。一方，身長が高くなる遺伝的要素があっても，低栄養の環境に長く曝されれば身長は伸びにくいだろう。一方，身長が高くなりにくい遺伝的要素があっても，高栄養環境にあればその身長は伸びやすく，低栄養環境に置かれれば，さらに身長は伸びにくくなるだろう。このように，発達は遺伝的要因と環境要因の相互作用によって支えられているという説であり，現在では最も受け入れられている。このような遺伝－環境相互作用説の基盤となっているのはゲゼルの時代よりも洗練された方法を用いて行われる双生児研究と遺伝子解析研究の結果である。

　現代の双生児研究では，一卵性双生児と二卵性双生児が対象となる。一卵性双生児は遺伝子の共有率が100％であり，二卵性双生児は平均50％である。そして，この一卵性双生児のペアと二卵性双生児のペア同士が，ある形質（たとえば身長や記憶力など）についてどのくらい似通っているかを調べるのである。通常は，双生児はよく似た環境（家庭や学校など）で成長するため，その特性の類似性が一卵性でも二卵性双生児でも変わらなければ，その形質には遺伝的要因はあまり関わっていないと考えることができる。逆に，一卵性双生児の類似性が二卵性双生児と比較してきわめて高ければ，その形質には遺伝的要因の関与が大きいと考えられる。双生児ペアの似通っている度合いを「相関性」と呼び相関係数（似ている度数）から遺伝的要因の寄与率を算出できる。たとえば，一卵性双生児ペアにおけるある形質の相関係数0.8，二卵性双生児の相関係数が0.6であるとする。一卵性双生児の相関係数から二卵性双生児の相関係数を引いた値に2をかけると遺伝率が算出でき，この場合は0.4，つまり遺伝要因がこの形質に40％寄与しているということになる。

　さらに，遺伝と環境の要因を詳細に検討するため，さまざまな理由で異なる家庭の養子となり生育環境を共有しない双生児を対象に類似性を調べる研究も行われている。このような研究

の結果から，人間の多くの特性に遺伝的要因が大きく寄与していることが分かってきた。たとえば，知能検査で評価された知能指数における遺伝率は研究によって多少異なるがおよそ70％程度である。一方で，人間の遺伝子解析の研究から，遺伝子もまた環境と相互作用して後天的に変化していくことが分かってきた。遺伝子も固定的なものでなく，生まれた後の環境の変化に応じて変化していくのである。遺伝子も環境も独立して働くのではなく両者は相互作用している。「生まれか育ちか」という単純な議論はもはや意味をなさないのである。

5　発達は量的な変化か質的な変化か

　人間のこころや行動が時間的変化にともない発達することを説明してきたが，このような変化は量的にまたは質的に起こると考えられる。たとえば身長や体重の発達を考えるとき，それは量的な変化として捉えることができる。一方，発達は量的なものだけでなく質的な変化も含まれると考えることができる。

　人間の発達を質的な変化と捉え，発達段階を提唱したのがピアジェ（J. Piaget, 1896-1980）である。ピアジェはスイス出身の心理学者である。ピアジェは，乳児は自己の運動を通して，外界の環境についての認知（cognition）を構成すると考えていた。そして，外界を認知・理解するための枠組みをシェマ（schema）と呼んだ。さらに，子どもは，周囲の環境との相互交渉を通して，すでにもっているシェマの中に外界から情報を取り込むこと（これをピアジェは同化: assimilation と呼んだ）と，新しい情報に対してシェマ自体を変化させて対応すること（調節 accommodation）を繰り返すことで認知を発達させると考え，4段階の認知発達段階を提唱した（図7-4）。第一段階が感覚運動的段階（Sensorimotor stage）であり，生後0-2歳の範囲である。第二段階は前操作的段階（Preoperational stage）でおよそ2-7歳，第三段階は具体的操作段階（Concrete operational stage）で7-11，12歳，最後の第四段階が形式的操作段階（Formal operational stage）でおよそ11，12歳以降がこの段階に達する。

　最初の感覚運動的段階は，乳児が対象への運動的働きかけとその感覚を通して外界を知る段階である。この段階で乳児が獲得する能力に「物の永続性: object permanence」がある。これは，視覚的に見えなくなってもその物体が存在し続けるという概念である。「物の永続性」が乳児に獲得されているかを評価するためにピアジェが考案した課題では，まず乳児におもちゃ（人形や車など）が提示される。乳児がおもちゃを注視している状態で，そのおもちゃを小さな布の下に隠す。このとき，乳児が布をとり，おもちゃをつかむ，という行動をすれば，この乳児は布の下におもちゃが隠されて視覚的に見えなくなっても，布の下におもちゃは存在し続けるという「物の永続性」を獲得している，と考える。この課題を用いて評価すると，生後4-8ヶ月の乳児は，物が視覚的に見えなくなると，その対象が存在し続けているように知覚することが難しく，おもちゃを探し続けるということをしない傾向にある。一方，生後9-12ヶ月になると，この課題に通過する乳児の割合が増加する。

　ピアジェは「物の永続性」の発達は生後9-12ヶ月以降と考えたが，その後の研究者はより

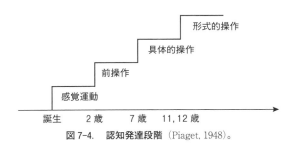

図7-4.　認知発達段階（Piaget, 1948）。

低月齢の乳児にも「物の永続性」は発達していると反論している。たとえば，バウワーは，馴化・脱馴化法を用いて，ボールの前を左側から衝立てが移動してボールを隠す映像に馴化させたのち，脱馴化フェイズには，衝立が右に移動するとボールが現れる映像，または衝立てが移動するとボールがなくなっている映像のどちらかを見せた。ボールは衝立てに隠されていても存在するはずなので，前者は起こりうる可能事象（possible event），後者はボールが消えてなくなってしまうので起こりえない不可能事象（impossible event）と考えることができる。生後3ヶ月の乳児の心拍を計測した結果，不可能事象に対して可能事象よりも心拍を上昇させる結果となった。心拍は，予期しない出来事に対して驚いたときなどに上昇することが多いことから，バウワーは生後3ヶ月児においても「物の永続性」が発達しているのではないかと主張した（Bower & Wishart, 1972）。他にもピアジェの物の永続性課題に対する反証実験が多く行われ，運動反応を必要としない課題では，より早期に物の永続性が発達している可能性が示唆されている。

　ピアジェの認知発達段階の第二段階である前操作的段階は，表象（イメージや言語）が発達してくる時期であり，言語の使用，ふり遊び（pretend play）の発達が見られる。前操作的段階に特有の思考としてピアジェが挙げたのが，自己中心的思考（egocentric thought），アニミズム（animism），そして保存の概念（conservation concept）の未獲得である。ピアジェはそれぞれについて，独自の課題を作成して検討を行っている。

　自己中心的思考というのは，自分自身の立場だけから世界を見る思考のことで，他者の視点に立つことが難しいという特徴がある。ピアジェは「3つ山問題: Three-Mountain Task」と呼ばれる課題を用いて幼児が他者の視点をどの程度想像できるかを測ろうとした。これはスイスの3つの山（ピアジェはスイス出身であり，これらの山々は日本における富士山のような有名な山である）の模型を示し，子どもの立場からの見えを答えてもらう。次に子どもの反対側に座っている人形から山がどう見えるかを答えてもらうというものである。ピアジェの研究では，8歳以下の子どもは，この課題を正しく解答することが難しいという結果が得られている（Piaget & Inhelder, 1956）。

　アニミズムとは，無生物に生命や意識があると考える思考のことである。子どもの頃，月が生きていて自分が歩くと追いかけてくる，歩くのをやめると月も追いかけるのをやめる，と感じた経験がある人は多いのではないだろうか。ピアジェは子どもたちに，さまざまな物に生命や意識があるかを訪ねた。具体的には「月は生きている？」「月は痛みを感じる？」などと質問してその回答を記録した。その結果，6歳から9歳くらいまでの子どもたちは「動くもの」は生きていると回答する傾向にあった。よって，雲や自転車なども生物であるとされる傾向にあった。さらに11, 12歳くらいまでに「自分で」動くものは生物であると考えるようになり，この年齢以降に，動物と植物のみが生物である，と考えるようになるという結果が得られた。

　保存の概念は，対象の形や置き方などの見かけが変化しても，その対象の本質（量や数）は変化しないことである。たとえば，同じ数のおはじきを等間隔に2列に並べ，子どもに「おはじきの数は同じ？違う？」と尋ねる。子どもが「同じ」と答えたのを確認し，1列のおはじきの間隔を広げ，もう一度「おはじきの数は同じ？違う？」と尋ねる。このとき，6歳頃までは，間隔が広い方が「数が多い」と答える傾向あるというものである。ピアジェは，6歳頃までの子どもの保存の概念は不十分で知覚優位であり，物事の一面にのみとらわれる傾向が強いと主張した。これらの課題ができるようになるのは第三段階目の具体的操作段階であるが，この時期は具体物を使用したときのみ論理的思考ができるようになる。具体物がなくても仮説から論理的に思考できるようになるのは第四段階の形式的操作段階である。

　ピアジェの研究への批判として，課題が非日常的で抽象性が高く，子どもの日々の社会的経験と結びつかないものであるため，子どもたちの認知能力が過小評価されているというもので

ある。実際，子どもの日常経験に近い設定で評価を行うと，より年少の子どもも他者の視点を取得して思考できる可能性が示唆されている。また，ピアジェの課題の多くが，大人が言語で子どもたちに質問し，その質問に対して子どもが言語で回答するという方法をとっている。ときに，子どもは質問に含まれる用語の意味を正しく理解しておらず，文脈によってその意味を類推している可能性も指摘されている。さらに，子どもたちは，大人が自分たちにどのような回答をすることを求めているかを推測し，その要求に応えようとする特性（要求特性: demand characteristics）をもち，この特性が子どもたちの反応に影響していることも考えられる。

　さらに，ピアジェの発達段階への批判として，社会・文化的影響を軽視しているというものがある。ピアジェは，認知発達段階は，普遍的でその順序は変わらないと主張したが，その後の研究で，特定の社会文化的な経験によって，課題への反応が異なることが報告されており，発達段階の普遍性には議論がある（Ghuman, 1982; Price-Williams et al., 1969）。

　人間の発達について考えてみると，多くの領域は量的に発達すると考えられる。一方で，ピアジェが提唱したように，発達の中には質的な変化が想定できる領域もある。ピアジェの発達段階や課題への批判から多くの研究がなされ，それらの研究の蓄積から，ピアジェが考えていたよりも早期に子どもたちはさまざまな能力を発達させ，その発達には子どもの育つ文化，社会的な環境も大きく影響していることが分かってきたのである。

参考文献

Beck, H. P., Levinson, S., & Irons, G. (2009). Finding little Albert: A journey to John B. Watson's infant laboratory. *American Psychologist, 64*, 605–614.

Bower, T. G., & Wishart, J. G. (1972). The effects of motor skill on object permanence. *Cognition, 1*, 165–172.

Cook, J. L., & Cook, G. (2005). Child development: Principles and perspectives (1st ed.). Boston, MA: Allyn and Bacon.

Darwin, C. (1877). A biographical sketch of an iInfant. *Mind, 2*, 285–294.

Fantz, R. L. (1963). Pattern vision in newborn infants. *Science, 140*, 296–297.

Fantz, R. L. (1964). Visual experience in infants: Decreased attention to familiar patterns relative to novel ones, *Science, 146*, 668–670.

Gerhardt, K. J., & Abrams, R. M. (2000). Fetal exposures to sound and vibroacoustic stimulation. *Journal of Perinatology, 20*, 21–30.

Ghuman, P. A. (1982). An evaluation of Piaget's Theory from a cross-cultural perspective. In S. Modgil & C. Modgil (Eds.), *Jean Piaget: Consensus and controversy* (pp. 273–284). New York: Holt, Rinehart and Winston.

Hepper, P. G., & Shahidullah, B. S. (1994). The development of fetal hearing. *Fetal and Maternal Medicine Review, 6*, 167–179.

Jensen, A. (1969). How much canwe boost IQ and scholastic achievement. *Harvard Educational Review, 39*, 1–123.

Johnson, J. S., & Newport, E. L. (1989). Critical period effects in second language learning: The influence of maturational state on the acquisition of English as a second language. *Cognitive Psychology, 21*, 60–99.

直井 望・山本 淳一 (2007). 乳児への語りかけ――対乳児音声への発達心理学的アプローチ―― 小児科, *48*, 419–425.

Piaget, J. (1948). *La nessance de l'intelligence chez l'enfant* (2ème éd.). Paris: Delachaux et Niestlé.

Piaget, J., & Inhelder, B. (1956). *The child's conception of space*. London: Routledge & Kegan Paul.

Powell, R. A., Digdon, N., Harris, B., & Smithson, C. (2014). Correcting the record on Watson, Rayner, and Little Albert: Albert Barger as "Psychology's lost boy". *American Psychologist, 69*, 600–611.

Price-Williams, D., Gordon, W., & Ramirez, M. (1969). Skill and conservation: A study of pottery-making children. *Developmental Psychology, 1,* 769.

Schaie, K. W., & Strother, C. R. (1968). A cross-sequential study of age changes in cognitive behavior. *Psychological Bulletin, 70,* 671–680.

Stern, W. (1936). Autobiography. In C. A. Murchison & E. G. Boring (Eds.), *A history of psychology in autobiography* (Vol. 3). Worcester, MA: Clark University Press

Watson, J. B., & Rayner, R. (1920). Conditioned emotional reactions. *Journal of Experimental Psychology, 3,* 1–14.

Chapter 8

ストレスと情動・動機づけ

磯崎三喜年

1 ストレスとは何か

　ストレスの時代と言われて久しい。日本は世界に冠たる長寿国であるが，それは，ストレスが少ないことを意味するわけではない。適度なストレスは，人間活動を支えることも見逃せない。しかし，過度のストレスは有害であり，心理的，身体的な健康に影響を与える。

　ストレスとは，環境において生じるさまざまな出来事とそれによって生体に生じるひずみや負荷を指す。また，こうした一連の過程を言うこともある。ストレスを生じさせる原因を，特にストレッサーと言う。ストレスは，ときに生体内に生理的，心理的反応や混乱を引き起こし，その生存を脅かすこともある。

[1] こころと体の相互関係

　こころと体は，相互に密接に関わっている。たとえば，体内環境のバランスを保つはたらきをする自律神経系には，交感神経と副交感神経があり，内臓器官はこの両者の拮抗作用によって調節されている。交感神経は，緊急事態への対処に関わり，心拍数や呼吸数を上昇させる。副交感神経は，休息や睡眠など活動による消耗の回復に関わり，消化吸収を促すはたらきがある。ストレス状態では，自律神経のはたらきが乱れ，心理的，身体的な変調を来すことがある。心身をリラックスさせるには副交感神経のはたらきが関与するが，神庭（1999）によれば，副交感神経の過剰な活動は，痛みを感じたり，痛みを予感したりした場合にも生起し，心拍数の低下や不整脈を引き起こす恐れもある。

[2] ストレス事象

　人間にとってより大きなストレスとなるのは何か。表8-1の社会的再適応評定尺度を見てほしい。それは，親密な関係にある他者との関係喪失なのである。この尺度は，さまざまな生活事象を取り上げ，各事象がもつ生活変化得点（LCU得点ストレス得点）を出している。配偶者の死や離婚が最もストレス得点が高く，次いで，配偶者との別居や近親者の死となっている。いずれも人間関係の喪失にあたる。意外なのは，一見楽しいと思われる体験（クリスマスなど）もストレスとなっている点である。これは，望ましい事象かどうかにかかわらず，生活上の変化そのものが一定のストレスをもたらすことを示唆している（Holmes & Rahe, 1967）。

　この生活変化得点の合計が，過去1年以内に300点以上になると，さまざまな精神的，身体的疾患にかかる可能性が高くなる。ただし，その後の研究では，望ましい生活事象がストレスとなるかどうかについて，異論も提出されている（Martin, 1989）。これについては，以下の[4]を参照されたい。

表 8-1.　社会的再適応評定尺度（Holmes & Rahe, 1967）

出来事	衝撃尺度	出来事	衝撃尺度	出来事	衝撃尺度
配偶者の死	100	経済状態の変化	38	上司とのいさかい	23
離婚	73	親友の死	37	勤労の時間または条件の変化	20
配偶者との別居	65	仕事の内容の変化	36	住まいに関する変化	20
投獄	63	配偶者との論争量の変化	35	学校に関する変化	20
近親者の死	63	1万ドル以上の抵当	31	レクリエーションに関する変化	19
外傷または病気	53	抵当またはローンの失効	30	教会活動に関する変化	19
結婚	50	仕事上の責任の変化	29	社会活動に関する変化	18
解雇	47	子どもが家を出る	29	1万ドル未満の抵当	17
結婚の調停	45	しゅうと（め）とのいさかい	29	睡眠習慣の変化	16
引退	45	個人的な成就	28	同居家族数の変化	15
家族の健康の変化	44	配偶者の就労または退職	26	食習慣の変化	15
妊娠	40	入学または卒業	26	休暇	13
性的問題	39	生活条件の変化	25	クリスマス	12
新しい家族を得る	39	個人的習慣の変更	24	小さな法律違反	11
仕事への再適応	39				

［3］対象喪失とその反応

喪失体験は，より強いストレスとして人間に作用し，失ったものが重要であればあるほど，悲哀による強い心身の反応を引き起こす。喪失体験の反応は，別れることへの不安（分離不安），死んだ者への抗議，悲しみの感情，抑うつ状態，そして新たな関係の再構築というステップを踏む（神庭，1999）。引っ越しなどの環境の変化，事故や病気などによって自己の身体や能力の一部などを失った場合においても，これと似たような経過をたどる。

　ストレス値が高いとされる配偶者との死別による影響は，一般に男性により強く現れる。抑うつ，孤独感，不安，社会からの孤立などがそれにあたる。神庭（1999）によれば，男性は，食事や掃除など身の回りのことがらを配偶者に依存することが多く，生活能力は女性より低い。また，仕事や職場での人間関係が中心となり，地域社会との関わりは希薄になりがちである。女性に比べて，男性は，地域の人や身近な他者との接触が不十分であり，ネットワークも十分ではない。つまり，そうした他者からの援助や支援を受けにくい状況にある。状況に応じて，適切な援助を要請できるかどうかが，適応に大きく関わる要因である。また，援助の要請に応えてくれる他者や環境づくりも必要となる。

　対象の喪失は，免疫のはたらきにも影響する。シリファーら（Schliefer et al., 1983）は，妻をがんで亡くした夫の免疫系の機能が低下するとしている。もちろん，男女ともに喪失体験によって大きな影響を受けるが，同じ離婚でも，男性の死亡率がより高く（宮城，1996），それだけダメージが大きいとされている。

［4］ストレス耐性と適応

1）ストレス耐性の個人差　　同じストレス状況でも，人によってストレス反応は異なる。ストレスに抵抗する力をストレス耐性と言い，ストレス耐性のある人は，ストレス状況においてもそれほどストレスと感じない。また，感じたとしてもその対処の仕方を身につけている可能性がある。ストレスを適度に経験してきた人ほど，ストレス耐性を身につけやすく，より大きなストレスに対処しうる可能性が高い。

2）ストレスに対する捉え方　　同じ出来事を経験しても，それをストレスと見なすか，そうでないかはストレス耐性と大きく関わる。さまざまな出来事に対する捉え方（ストレスと捉えるかそうでないか）を第一次評価と呼ぶ。個人に害をもたらし，対処努力が必要と見なされるとき，それはストレスとなる。その際，抑うつや不安，怒りなどのネガティブな情動が生起

することも多い。ストレスを感じたとき，ストレスへの対処が可能かどうかの判断を迫られる。これを，第二次評価と呼ぶ。第二次評価によって，生起する情動の性質や程度が決まる。これが，ラザラスとフォークマン（Lazarus & Folkman, 1984）による，ストレスについての認知的評価の考え方である。

　つまり，出来事がストレッサーとなるかどうかは，それが有害で，対処困難であると判断されるか否かによる。先の社会的再適応評定尺度における得点が高いとされる事象も，それを受け止める個人によって意味合いは異なる。また，そこで生じたストレスやネガティブな情動への対処を，ストレス・コーピングと呼び，コーピングが適切になされれば，ストレスを緩和できると考えられる。

　ストレス・コーピングには，以下のような方略がある。

　①問題焦点型方略　　ストレスを生起させている問題の所在を明確にし，解決策を図り，実行する。また，必要な情報収集を行う。この方略は，生じた問題に解決策がある，もしくは解決する手段やスキルを持ち合わせている場合に有効となる。

　②情動焦点型方略　　気持ちを鎮め，気晴らしをするなど，情動をコントロールする方略で，問題に対する解決策がない，もしくは適切な手段をもち合わせていない場合に有効となる。

　このほか，事態の深刻さを否定する，あるいは過小評価してストレスを意識しないようにする方略（回避型方略）もある。このように，ストレスを心理学的に捉える場合，さまざまな事象や出来事の意味を個人がどのように理解し，その対処資源をどう見積もるかが重要となる。言い換えれば，個人が自らと環境の関係をどう認識し，理解するかと密接に関わっている（Cohen, Kessler & Gordon, 1995）。

　3）タイプAとタイプB　　ストレスと関わる疾患に，心筋梗塞など冠状動脈性心疾患（coronary heart disease: CHD）がある。この疾患と関わりが強いとされる人の行動特徴をタイプA行動と言い，①競争的・達成志向的，②攻撃的で敵意をもちやすい，③時間的切迫感が強い，などの特徴があるとされる（Friedman & Rosenman, 1974）。タイプAの人は，冠状動脈性心疾患にかかりやすいとされ，とくに敵意をもちやすいことが，心疾患と重要な関わりがあると指摘されている（Smith & Ruiz, 2002）。敵意は，他者に対するネガティブな態度であり，怒りや軽蔑などといった負の情動とともに，攻撃と密接な関わりがある。敵意は，過剰な交感神経系の反応（血圧や心拍数の増加）を引き起こし，心臓血管の損傷をもたらす。また，他者とのいざこざなど，対人葛藤を生起させやすく，他者からの支援を受けにくくする。健康を損ねるライフスタイル（喫煙や飲酒など）とも結びつきやすい。こうした点も，こころと体の密接な関係を示している。

［5］ストレスと健康

　1）ストレスが病気を引き起こすメカニズム　　アイゼンク（Eysenck, 2000）は，ストレスが病気を引き起こすメカニズムを，大きく2つに分けている。1つは，身体の疾患に対する抵抗力を減らすという直接的ルートであり，もう1つは，ストレスを受けた個人が不健康なライフスタイルをとりがちであるという間接的ルートである。間接的ルートの心理は，自己ハンディキャッピング（self-handicapping）と関連している。

　自己ハンディキャッピングとは，将来に対する失敗の怖れや悲観的見通しを抱いた個人が，自己を守ろうとして，その原因を自己の能力と切り離し，あえて不利な状況を作り出し，予防線を張る心理を指す。状況が不利だから，よい結果が生まれないとアピールし，自己説得を試みるのである。こうした過度の自己防衛は，健康を損なう可能性がある（アルコール依存症など）。

　2）ストレスが身体に及ぼす影響　　ストレスが身体に及ぼす影響について，コーエンら

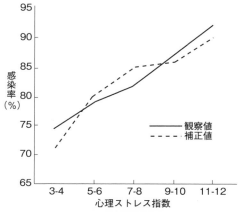

図 8-1.　**心理ストレスと感冒感染率の関係**（ウィルス
被投与者 394 人; Cohen et al., 1991）。

表 8-2.　**既婚者および配偶者と死別した男女の行動反応**（数値は%）

	女		男	
	既婚者（n=30）	死別者（n=30）	既婚者（n=30）	死別者（n=30）
精神安定剤	0.0	24.1	0.0	10.0
睡眠薬	3.3	13.3	3.3	6.9
アルコール飲料	3.3	6.7	3.3	17.2
喫煙	10.0	17.2	10.0	30.0

注）データは，チュービンゲンにおいて得られた。死別者は，パートナーの死別後上記の使用が増え
　　たかどうかを答え，既婚者は，それと同じ期間の使用量の変化を答えた（Stroebe, 2000 より）。

（Cohen et al., 1991）は，身体的に健康な実験参加者に，風邪のウィルスを投与した実験を
行った。その結果，心理的ストレス値の高い（ネガティブな生活事象をより多く経験してい
る）人は，そうでない人に比べ，ウィルス投与によって風邪にかかる割合が高くなった（図
8-1 参照）。ストレス値が高い人ほど，風邪のウィルスに対する抵抗力が低下しており，結果
として風邪を引きやすくなったと推測される。

　さらに，ストレスは，塩酸の分泌を促し，胃壁の耐性を弱めてしまう。その結果，胃からの
出血を促すこともある（Pinel, 1997）。さらわれた子ザルを追って心配のあまり腸がちぎれた
という母親ザルの中国の故事（「断腸の思い」）を彷彿とさせる。

3）ストレスが行動に及ぼす影響　　すでに見たように，配偶者を亡くした人は，高いスト
レスを感じる。表 8-2 は，配偶者と死別した男女とそうした経験のない既婚者の男女の行動上
の違いを示したものである（Stroebe, 2000）。

　配偶者を亡くした女性は，そうした経験のない既婚者に比べ，精神安定剤や睡眠薬に依存す
る度合いが高く，配偶者を亡くした男性は，アルコールの摂取や喫煙の割合が高くなっている。
　配偶者と死別した男性の結果は，アルコール中毒や肝硬変の怖れを示唆している。

［6］ストレス低減法

1）ストレス低減法　　アイゼンク（2000）は，以下の3つを挙げている。
　①人生の問題についてよりポジティブに考える認知的変革
　②友人や家族からのソーシャル・サポート
　③短期間の間に，多くのことをしなければならなくなるような事態を防ぐためのタイムマネ
ジメントトレーニング
2）ソーシャル・サポート　　悩みや考えを共有できる，あるいは悩みに耳を傾けてくれる

他者の存在は，ストレスを感じる個人にとって貴重な支えとなる。とくに，友人や親，きょうだい，配偶者などの親密な他者との日常的な関わり，直接的・間接的な働きかけ，援助の授受は，健康に重要となる。こうした他者から得られる物質的，精神的支援をソーシャル・サポートと言う。サポートは，ストレスに対する抵抗を強めるはたらきをもつ。既婚者は，独身者や配偶者を亡くした人よりも健康で，長生きである。親密な関係にある他者の存在，サポートが得られやすいネットワークの中にいる人は，心理的，身体的に健康であり，病気や抑うつになる度合いも低い。さらに病気や心理的問題からの回復も早く，死亡のリスクも低いとされている（Carr, 2004）。

3）自己開示　自己開示（self-disclosure）とは，個人的なことがらを言語的に他者に伝えることである。ストレス経験を他者に話して気分がすっきりすることもある（カタルシス効果）。また，問題解決の手がかりやきっかけをつかむこともある（洞察）。配偶者を亡くした人は，他の人にいろいろ話すことができると，そうした機会がなかった人よりも，健康の問題を抱えることが少ない（Pennebaker & O'Heeron, 1984）。

自己開示は，対人的な親密さを示す指標でもあり，他者との親密さの度合いを考慮し，自己開示を行うタイミングと開示内容のレベル（個人的重要度など）を状況に合わせて行う必要がある。そうでなければ，自己開示によってストレスを増加させる恐れもある。ケリーら（Kelly et al., 2001）は，秘密を打ち明け，新たな洞察や見通しが得られた場合に，気分がよくなり，効果が大きかったことを見出した。そして，情動を発散させるだけでは，それほど効果がなかったとしている。カタルシス効果よりも，新たな見通しや洞察を得ることのほうがより重要であると言える（Beattie, 2011）。このほか，相談相手が信頼でき，秘密を守れるかどうかにも注意が必要である。

2 動機づけ

[1] 動機づけとは

行動がなぜ，またどの程度の強さで生起し持続するのかを考えるのが動機づけの問題である。動機づけ（motivation）とは，ある行動を生起させ，その行動を一定方向に導き，持続させる過程や機能を言う。行動は，欲求や要求，動因（主体の側の要因；行動を生起させる内的な力や状態）があり，かつそれを満たす誘因（外側の要因）が存在するとき，より生起しやすい。つまり，欲求や動因が強く，誘因の魅力度が高いほど，動機づけは強まる。欲求や動因は，生得的なものと，生後獲得されるものの双方からなり，観察可能な行動との関係から構成される概念でもある。動因と誘因は，相互依存関係にあり，誘因の強さが動因に反映し，動因の強さが誘因の魅力度を上げることになる。

[2] 動機づけの心理

人は多くの場合，自らの意思で行動したいと願い（自由意志），行動や選択の自由を望む。その意味で，指し手と駒という言葉に示されるように，自らを行動の主体（指し手）として捉えることができた方が，受け身（駒）である場合よりも動機づけは高まる。

1）内発的動機づけと外発的動機づけ　行動の原因となるものが，他者からの強制や，罰を避けるためなど，その人の外側にある場合，その行動は外発的なものとなる。そこでの動機づけを外発的動機づけ（extrinsic motivation）と言う。これに対し，行動そのものがその人にとって楽しく興味があり，行動すること自体に意味をもつとき，そうした行動は内発的なものとなる。そこでの動機づけを内発的動機づけ（intrinsic motivation）と言う。ただし，内発的動機づけと外発的動機づけは，必ずしも固定的なものとは限らない。当初外発的だった行動が，

しだいに主体の側の内的な興味や関心を引き起こし，その行動自体が楽しいものとなり，外発的な動機づけから内発的な動機づけに変わることがある。このとき，人は，報酬や罰などとは関係なく，自らの意思で行動を活性化させることになる。

　一般に，行動の生起や学習の成立には動機づけが高いほどよい。しかし，「門前の小僧習わぬ経読む」とあるように，動機づけが高くなくても自然と学習が進むこともある。このように，意図しないうちに，成立する学習を偶発学習（incidental learning）と言う。つまり，経験の積み重ねそのものが，学習を成立させ，そのことが新たに興味や関心を生じさせ，動機づけを高める可能性もある。その意味で，学習の成立と動機づけは，双方向的な関係にある。

2) 内発的動機づけと過剰正当化効果

当初内発的な動機づけに基づく行動であっても，そこに外発的な報酬が与えられることによって，内発的な動機づけが低下してしまうことがある。これを過剰正当化効果（overjustification effect）と言う。これは，自らの内側にあった行動の原因が，報酬が与えられることによって，個人の外側に移ってしまうためと考えられる（Deci, 1975）。楽しいから絵を描いていたのに，報酬が与えられると，絵を描くことが報酬を得る手段となり，絵を描くことの魅力が低下するのである。つまり，内発的動機づけは，賞罰や監視など，他者からの統制によって低下してしまう。

3) 目標の設定と他者からの期待

目標をもって，ものごとに懸命に取り組んでいる（熱中できる）と，動機づけが高まる。また，そうした状態に身を置くことも大切になる。目標の追求は，目標の達成と同じように楽しいものとなる。それは，結果の正否だけでなく，プロセスそれ自体大きな意味をもつことを示している。遠足や旅行に出かけるとき，その準備段階から楽しい気分になることはその1つの例と言える。

　動機づけを高める要因には，他者からの期待も含まれる。学校場面で，教師が子どもに肯定的な期待を抱くとそれが現実化し，子どもの知能指数や成績が上がる。これを教師期待効果（teacher expectation effect）と言う（Rosenthal & Jacobson, 1968）。教師は，期待を抱いた子どもにより温かい態度で接触し，子どもは，安定した気持ちでものごとに取り組みやすくなり，肯定的な反応をしていく。これと似た概念に，自己成就予言がある。人は，あることが起こりそうだと思うと，そうした自己の予測に即した見方や行動を取りがちとなり，結果として，予測が現実化する。なお，自己成就予言は，非意識的なレベルで作用していることが多い（Wilson, 2002）。

　注意すべき点は，自律性や行動する主体の意思が認められているかどうかである。選択できるという自由な感覚は，動機づけを高める。自律性を損なう過度の期待は，内発的動機づけを低下させる恐れがある（Grant, 2010）。

4) 他者の存在と動機づけ

人は社会的な存在であり，他者がいるだけで一定の影響を受ける。そして，多くの場合，他者の存在は動機づけを高めるよう作用する（第11章，社会的促進を参照）。他者の存在，あるいはその存在を意識すること，特に他者との肯定的なつながりは，大きな励ましとなり，内的な力を高めてくれる。父母や友人との心理的つながり，郷土意識などは，困難に遭遇した際に，くじけずに立ち向かう力となる。

　学生や研究者同士が，仲間を募り，研究会に参加し，互いに刺激し合うことが，動機づけを高め，結果として大きな成果をもたらすこともある。

5) 機能的自律

人の行動には，生存するための手段であったものが，やがて目的と化し，自律的なものへと変化することがある。これを機能的自律（functional autonomy）と言う（Allport, 1937）。かつて生活の資を得るため，海に出ていた漁師が，引退した後，生活のためではなく楽しみとして海に出るのは，それにあたる。これは，一次的な欲求から派生した行動が，やがて機能的にはまったく独立した機能をもつことを示している。仕事上のつきあいとして始めたゴルフなどのスポーツも，続けているうちに上達し，やがてそのスポーツをすること

自体が楽しみとなり，目的となることもある。

6）マズローの欲求階層説　　人間の動機づけには，より低次のものから高次のものまでさまざまなものがあり，低次の欲求が満たされた後，次第に高次の欲求が生じてくると考えられる。これが，マズロー（Maslow, 1970）の欲求階層説である。まず，水や食物など，生存に関わる生理的欲求が満たされた後，安全の欲求が生じ，続いて，愛・所属，自尊（承認），そして最も高次の欲求として自己実現の欲求が生じてくる。

　自己実現は，個人が固有の存在として，その人らしさを実現していこうとするきわめて人間的な欲求である。マズローの考え方は，仕事や社会的役割を通じてその人が自己実現を目指そうとする存在であること示しており，自己実現が可能となるような社会のあり方が問われることになる。

［3］情動と動機づけ

1）情動とは何か　　情動（emotion）は，急激に生起し，短時間で終わる比較的強い感情と定義される。感情の動的側面が強調された用語であり，主観的な経験であるとともに，身体の生理学的変化を生じさせ，さらに特定の行動的反応を伴う，あるいは生起させるという特徴がある。たとえば，恐怖や怒りは，心拍数の増加や内分泌腺などの生理的変化をともない，逃走や攻撃といった特定の行動的反応を生起させる。

2）情動の機能　　ピンカー（Pinker, 2003）によれば，情動は，脳の最高次の目標を設定するメカニズムであり，いったん引き金が引かれると，その情動によって，思考や行動が生起することになる。恐怖は，差し迫った危険によって引き金が引かれ，逃走行動をとることや危険をやりすごすことなどが短期の目標となる。人は，それを緊迫感として経験する。また，長期的な視点から言えば，恐怖は，将来の危険を回避する，あるいは今回有効だった方法を記憶しておいて将来に備えるといった目標をも示すことになる。つまり，情動経験が，その後の適応へとつながる目標設定の機能をもつのである。

　また，ポジティブなムード（気分）や情動は，思考や行動を活性化させやすい。創造性や創作意欲が高まり，他者への援助もしやすくなる。つまり，気分がいいときにこそ，人はより能動的な行動をとれることを示している。したがって，いい気分を感じとれる環境に自らをおくこと，またいい気分を感じ取れる環境づくりをすることは，生産性を高め，成果を上げやすい。その意味で，人間は環境的存在であり，そうした環境においてこそ，人は，自らのよさも感じることができる。

　逆に，ネガティブなムードは，行動を抑制することもある。これは，帰属理論と楽観性・悲観性の議論と密接に関連している。

3）抑うつ　　抑うつ（depression）は，しばしばストレス（配偶者との死別や離婚，職を失うなど）によって引き起こされる。これらは，自己の価値の発揮を阻害する出来事であり，負の感情を生起させ，増幅させる。抑うつは，自己評価の低下と密接に結びついており，対人緊張を募らせ，行動を萎縮させ，積極性を奪う恐れがある。

　これらの特徴は，ともすれば自信喪失，自己価値の低下をもたらす。村田（1999）は，日本の子どもたちは，まわりへの気遣い，配慮がすぎて，自責的になりやすい傾向があると言う。そして，日本の子どもたちの抑うつ状態が，悲哀，希望を失い，無気力状態とともに，頭痛や食欲がない，疲れやすいなどの身体症状をともなっていることが多いと指摘している。

　とくに，うつ病とされる人は，ちょっとしたことを重大なものと考え，他人から何か言われただけで強く批判されたと思い込みがちである。またそれによって，自分を低く評価しがちとなる。うつは，先進国や産業化された社会で生起しやすいとされている。過労やそれにともなうストレスが引き金となることもあり，現代においてとくに注意すべき問題であると言える。

4）無気力の心理とその克服　ある課題に何度挑戦しても失敗ばかりという経験をしたとしよう。すると，解決可能な場面でさえ，やる気をなくしてしまうことがある。これを，学習された無力感（learned helplessness）と言う。無力感は，抑うつと似た側面をもっている。しかし，無力感がつねに起こるわけではない。こうした状況でも，あきらめず果敢に挑戦しようとする場合もある。こうした違いがなぜ生じるのかを検討したのが，セリグマン（Seligman, 1991）である。

　無気力や無力感の克服には，楽観性の認知スタイルを身につけることが重要である。楽観性は，精神的な健康を維持し，スポーツや営業など成果を上げるうえで効果的である。楽観性の心理は，前向きな生活スタイルを支える認知メカニズムであり，ストレスや否定的事象に遭遇した際の，対処方略の1つと言える。O. ヘンリーの短編小説『最後の一葉』を思い出してほしい。医療成果が上がるかどうかも，医療従事者と患者双方の前向きな捉え方が重要になる。

参考文献

Allport, G. W. (1937). *Personality: A psychological interpretation*. London: Constable.

Beattie, G. (2011). *Get the edge*. London: Headline Publishing Group.

Carr, A. (2004). *Positive psychology*. New York: Brunner-Routledge.

Cohen, S., Kessler, R. C., & Gordon, L. U. (Eds.). (1995). *Measuring stress: A guide for health and social scientists*. New York: Oxford University Press（コーエン，S.・ケスラー，R. C.・ゴードン，L. U.（編）小杉 正太郎（監訳）(1999). ストレス測定法　川島書店）

Cohen, S., Tyrrell, D. A., & Smith, A. P. (1991). Psychological stress and susceptibility to the common cold. *New England Journal of Medicine, 325*, 606–612.

Deci, E. L. (1975). *Intrinsic motivation*. New York: Plenum.（デシ，E. L.　安藤 延男・石田梅男（訳）(1980). 内発的動機づけ——実験社会心理学的アプローチ　誠信書房）

Eysenck, M. W. (2000). *Psychology: A student's handbook*. Hove, East Sussex, UK: Psychology Press.（アイゼンク，M. W.　山内 光哉（監修）(2008). アイゼンク教授の心理学ハンドブック　ナカニシヤ出版）

Friedman, M. A., & Rosenman, R. H. (1974). *Type A behavior and your heart*. New York: Knopf.

Grant, H. (2010). *Succeed: How we can reach our goals*. New York: Hudson Street Press.（グラント，H.　児島 修（訳）(2013). やってのける　大和書房）

Heidi Grant, H. (2010). *Succeed: How we can reach our goals*. New York: Penguin.（ハイディ グラント，H.　児島 修（訳）(2013). やってのける——意志力を使わずに自分を動かす　大和書房）

Holmes, T. H., & Rahe, R. H. (1967). The social readjustment rating scale. *Journal of Psychosomatic Research, 11*, 213–218.

神庭 重信（1999）. こころと体の対話——精神免疫学の世界——　文藝春秋

Kelly, A. E., Klusas, J. A., von Weiss, R. T., & Kenny, C. (2001). What is it about revealing secrets that is beneficial? *Personality and Social Psychology Bulletin, 27*, 651–665.

Lazarus, R. S., & Folkman, S. (1984). *Stress, appraisal, and coping*. New York: Springer.（ラザルス，R. S.・フォルクマン，S.　本明 寛・春木 豊・織田 正美（監訳）(2002). ストレスの心理学　実務教育出版）

Martin, R. A. (1989). Techniques for data acquisition and analysis in field investigations of stress. In R. W. J. Neufeld (Ed.), *Advances in the investigation of psychological stress*. New York: Wiley.

Maslow, A. H. (1970). *Motivation and personality* (2nd ed.). New York: Harper & Row.　宮城 重二（1996）. 女性はなぜ長生きか　講談社

宮城 重二（1966）. 女性はなぜ長生きか——長寿に学ぶ健康のコツ　講談社

村田 豊久（1999）. 子どものこころの病理とその治療　九州大学出版会

Pennebaker, J. W., & O'Heeron, R. C. (1984). Confiding in others and illness rate among spouses of suicide and accidental death victims. *Journal of Abnormal Psychology, 93*, 473–476.

Pinel, J. P. J. (1997). *Biopsychology* (3rd ed.). Boston, MA: Allyn & Bacon.

Pinker, S. (1997). *How the mind works.* New York: W. W. Norton. (ピンカー，S. 山下 篤子（訳）(2003). 心の仕組み（中）――人間関係にとどう関わるか―― 日本放送出版協会)

Rosenthal, R., & Jacobson, L. (1968). *Pygmalion in the classroom: Teacher expectation and student intellectual development.* New York: Holt, Rinehart and Winston.

Schliefer, S. J., Keller, S. E., Camerino, M., Thornton, J. C., & Stein, M. (1983). Suppression of lymphocyte stimulation following bereavement. *Journal of the American Medical Association, 250,* 374–377.

Seligman, M. E. P. (1975). *Helplessness.* San Francisco: W. H. Freeman. (セリグマン，M. E. P. 平井 久・木村 駿（監訳）(1985). うつ病の行動学――学習性無力感とは何か 誠信書房)

Seligman, M. E. P. (1991). *Learned optimism: How to change your mind and your life.* New York: Vintage. (セリグマン，M. E. P. 山村 宜子（訳）(1994). オプティミストはなぜ成功するか 講談社)

Smith, T. W., & Ruiz, J. M. (2002). Psychosocial influences on the development and course of coronary heart disease: Current status and implications for research and practice. *Journal of Consulting and Clinical Psychology, 70,* 548–568.

Stroebe, W. (2000). *Social psychology and health* (2nd ed.). Philadelphia, PA: Open University Press.

Wilson, T. W. (2002). *Strangers to ourselves: Discovering the adaptive unconscious.* Cambridge, MA: Harvard University Press. (ウィルソン，T. W. 村田 光二（監訳）(2005). 自分を知り，自分を変える――適応的無意識の心理学 新曜社)

こころの臨床

西村 馨

1 臨床の心理学とはどういうものか

　臨床とは，読んで字のごとく，病人の床に臨むことを指す。したがって，臨床の心理学と言うと，病気の人のための心理学ということになる。確かに，精神障害は臨床心理学の最も重要な対象である。だが，それだけではない。臨床心理学（clinical psychology）という用語を初めて用いたのはアメリカのウィトマー（L. Witmer）であると言われているが，彼の対象は知的障害児だった。現代では，病気や障害に限らず，成長途上で心がうまく働かなくなることも含めて，すべてが対象となる。そして，「治す」「癒す」ことだけが目標なのではない。

　臨床心理学の歴史は，さまざまな視点の「発見」によって発展してきたと言える。だが，こころに向き合い，理解し，こころに働きかける一連の営みであることは共通している。本章では，三大潮流を呼ばれる，心理力動的アプローチ，認知・行動論的アプローチ，ヒューマニスティック・アプローチを中心に，そのエッセンスを概観し，現代の課題を考えたい。

2 アプローチの諸相

[1] 心理力動的アプローチ

1）「こころ」の治療法の先駆け：ヒステリー研究　　心理力動的アプローチとは，精神分析を中心とした，無意識のはたらきを重視するこころの捉え方，治療法の総称である。精神分析は 19 世紀末のウィーンでフロイト（S. Freud）によって創始された。当時多くの人（ほとんどが女性）が身体の痛みや身体の一部が思うままに動かなくなる病気，ヒステリーに苦しんでいた。医学的，神経学的検査では何の異常も見出せず，原因不明とされていた。フランスのシャルコー（J. K. Charcot）が，催眠中の暗示によって症状を消失させる方法を見出し，世界的注目を集めていた。フロイトはシャルコーとは別の考えをもち，先輩の内科医ブロイアーとともに『ヒステリー研究』（Breuer & Freud, 1895）を著した。そこでさまざまな症例をもとに，ヒステリー患者の精神病理と治療過程を描き出した。患者たちの症状の背後には，秘められた願望があった（たとえば，「病身の父の看病などしたくない」，「父にいなくなってほしい」）。それが道徳的な禁止との間で葛藤し，その思いを無意識の領域に追いやっていた。このはたらきを抑圧と呼ぶ。抑圧された願望は身体（動作）に置き換えらえていた（たとえば，「見たくない」思いが「見えない」という視覚障害を引き起こしていた）。そして，その抑圧された願望が明らかになると，症状は消失した。身体の病気の原因がこころにあったのであり，この一連の研究によってフロイトはひとつの心理学を構築したのである。症状や行動の背後にあるこころのエネルギーのぶつかり合いと変形の過程を「こころの力学」，すなわち心理力動

として体系化したのである。

2）無意識の探求技法　フロイトは，無意識の領域を探究する方法として，患者を寝椅子に寝かせ，思い浮かぶことを取捨選択せずに語らせる自由連想法を開発した。自由連想の途中に沈黙したり，話題が飛躍したり，連想をやめて何かをし始めるといった行動を，特定の無意識的領域を避けようとする表れと理解し，抵抗と呼んだ。また，患者が濃厚な（しばしばエロティックな，あるいは攻撃的な）感情を治療者に向けることがあったが，フロイトはそこに，患者が抑圧していた過去の人物に対する願望や感情の置き換えを見出し，それを転移と呼んだ。そして，そこにある願望や過去の出来事に患者が気づくよう，解釈していった。

フロイトは無意識について，臨床研究のみならず，広く素材を求め，夢，日常生活の錯誤行為（言い間違い，物忘れなど），民族風習，神話の中にも見出した。とりわけ夢は無意識への王道と言われた。フロイトは夢を願望充足の観点から説明した（のちに，修正された）（Freud, 1900/1968）。

3）小児性欲説とエディプス・コンプレックス　フロイトは人間のこころのエネルギーの根源が性にあると考え，その発達論を構築して，幼児期の性欲を提唱した（小児性欲説）。乳児期には口に入れたりしゃぶったりすることで快感を得る（口唇期）。トイレットトレーニングが始まると，便をため放出することで快感を得る（肛門期）。性器をいじって快感を得るようになるころ，幼児は同性の親を殺害して異性の親と結ばれたいという願望を抱くようになる（男根期，エディプス期）。その願望や葛藤を，古代ギリシャの「エディプスの悲劇」になぞらえ，エディプス・コンプレックスと呼んだ（コンプレックスとは感情の複合体という意味である）。そのような願望は禁止され，いったん潜伏し（潜伏期），やがて第二次性徴によって性器的な愛情形成が可能になる（性器期）と考えた。その発達途上に躓きがあると，いつまでも幼児的な性愛に固着したり，危機があったときに子ども返り（退行）してしまうと指摘した（たとえば，爪噛み，指しゃぶりなど）。このようなこころの発達の理論は心理・性的発達理論と呼ばれ，批判も浴びてきたが，「遺伝か環境か」の議論が活発な時代に早期の発達という視点をもたらしたのは画期的であった。発達課題という観点も臨床的に有用である。

4）精神分析におけるこころのモデル　フロイトは当初人のこころを意識，前意識，無意識の三層からなると考えていたが，後に超自我，自我，イドという組織を導入し，構造論を構築した。イド（Id）とは「それ」である。自分の中にあるが「それ」としか体験できない無意識的な，混沌とした欲望であり，ひたすら充足を求める（快感原則）。一方，自我とは「わたし」である。欲望を制御しつつ，外界の現実にそって行動する分別（現実原則）の主体である。そして超自我とは，「上位のわたし」「わたしの上にあるもの」，すなわち，道徳心，良心，理想であり，自我を監督する役割を果たす（図9-1）。

5）フロイト以後の展開　精神分析は20世紀後半までこころの治療法として中心的役割を果たし，人格査定の分野でも投影法と呼ばれる種類の心理検査の解釈の基礎にもなった一方で，ユング（C. G. Jung）が，無意識の領域を個人に限定しないで人類全体にまで広げ（集合的無意識），独自の理論（分析心理学）を打ち立て，アドラー（A. Adler）が，競争心や達成への欲求をより重視する理論（個人心理学）を打ち立て，離反，独立するなど，多くの分派も生んだ。

フロイト以後，アメリカでは精神分析が精神医学と合流して力動精神医学として結実し，自我のはたらきを詳細に分析し，その機能の改善を目指す自我心理学を発展させた。自我心理学派からは，エリクソン（E. H. Erikson）が出て，自我同一性（社会の中で「私」とは何かという感覚）の心理社会的発達という視点をもたらし，心理学，精神医学のみならず広い領域に影響を与えた。一方，サリヴァン（H. S. Sullivan）は，個人の欲望ではなく，対人関係の視点から精神病理を理解しようとする対人関係精神分析を創始した。またその後，コフート（H.

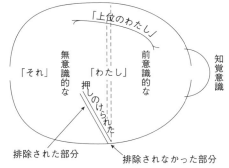

図 9-1.　フロイトによる人格構造の説明（吉田, 2005）。

自我, 超自我, イド, 抑圧といった用語は原著を英語訳したもの（それが「標準版」とされる）からの日本語訳である。実はドイツ語から直接訳す方がしっくり来やすいものになる。この図は Mitscherlich 版『続精神分析入門』（1933）を日本語訳したものである。図の「押しのけられた」の棒は「抑圧された」ものを指す。しかしその中にも排除されてしまったものとそうでないものがあることが分かる。

Kohut）は, 健康な自己愛をもった自己が人的環境との関わりのなかで成長するという視点で, 共感を重視した治療を提唱する自己心理学を創始した。個人のこころの中だけでなく, 治療者との患者の関係性の理解を重視する精神分析的な立場を総称して関係性精神分析と呼ぶ。

　一方, イギリスではより病態の重い人の心的世界を乳児期の母子関係の視点から捉えようとする対象関係論が発展した。これらの流れは, フロイトが対象とした神経症患者よりも人格機能や対人関係の不安定な患者への治療の必要性が高まったことが背景にある。

　フロイトに続く発達の研究は, 後にさまざまな観察研究を生み出した。アメリカのスターン（Stern, 1985）による乳児の観察研究は自己の発達に関する新たな地平を開拓した。前後するが, 1960 年代からイギリスのボウルビィ（J. Bowlby）は, 乳児の養育者との情緒的絆, すなわち愛着の意義を強調し始めた。彼の同僚たちが系統的な実証研究を重ね, トラウマの世代間伝達のメカニズムが明らかにされていった。また, 愛着形成において, 自他の行動の背後にある精神状態を推測する営み, すなわちメンタライゼーション（mentalization）が中心的なはたらきをしていることが認識されるようになった。そして難治性事例への心理的介入としてメンタライゼーションに基づく治療（MBT; Bateman & Fonagy, 2004）が開発され, 多くの関心を集めるようになっている。

　フロイトの理論はいつでも多くの批判にさらされてきたが, 近年の脳科学の発展にともない, 現代の脳科学者が明らかにしようとしていることに, フロイトはすでに気づいていたことが評価されている（Solms & Turnbull, 2002）ことも付け加えておく。

［2］行動・認知論的アプローチ

1）行動療法の登場　　実験心理学が蓄積してきたさまざまな知見をさまざまな領域に適用していこうという動きは早くからあったが, 心理学的治療法の確立は容易ではなく, 1950 年代の行動療法を待たねばならなかった。行動療法は, 特定の創始者による 1 つの大家として始まったものではなく, 3 つの起源をもったものを総称したものである。

2）スキナーの行動療法　　1 つは, アメリカで始まった行動主義の流れを汲むスキナー（B. F. Skinner）を先駆者とする流れである。ワトソン（J. B. Watson）の行動主義からスキナーに至るまでの間に, 環境刺激と行動反応との間に動因などの生体内媒介変数を組み込んだ

理論が登場していたが，スキナーは媒介変数としての生理的要因を必要としないとする徹底的行動主義を提唱した。すなわち，外的環境からの刺激に対して個体が反応したことに対し環境がどのように強化するかという強化の随伴性を強調し，オペラント条件づけを開発，検証した。当然，無意識のような精神分析的な考えは，刺激，反応，強化をつなぐブラックボックスとして研究対象から排除された。

3）アイゼンクの行動療法　行動療法の第2の起源は，イギリスのアイゼンク（H. J. Eysenck）を中心としたものである。アイゼンクは精神分析の検証不可能性，治療効果のなさを指摘し，精神分析を激しく批判した急先鋒である（Eysenck, 1960, 1985）。そして，心理学が蓄積してきた学習理論から神経症（現在の不安障害）を理解し，その適用である新しい治療法としての行動療法の効果を実証的に示した。1950年代は心理療法の中心は精神分析的療法であったが，斬新な方法で打って出たのであった。

彼は人格理論の大家としてもよく知られているが（Eysenck, 1952），彼が提唱した人格の3次元モデルの基盤には生理的過程が含まれている。当然彼の行動療法でも生理的過程が重視されるが，その点はスキナーの発想とは異なっている。

4）ウォルピの行動療法　もう1つの起源は，南アフリカ共和国出身のウォルピ（J. Wolpe）である。彼は逆制止という新たな学習理論を展開した。神経症的行動は持続的で不適応的な学習行動であり，不安が般化したものだとした。すなわち，何かの理由で喚起された不安と外的状況（無条件刺激）が条件づけられ，その状況（刺激）が不安（条件反応）を喚起するようになる。神経症的行動とは学習された不安なのである。そこで不安と拮抗する反応，たとえば心地よい体験を，その不安を喚起する刺激があるときに起こさせることができれば，その反応は不安を喚起する刺激と不安反応との結びつきを弱めることになるだろうと理論化した。

筋肉のリラクセーションを訓練し，それと不安の刺激とを拮抗させる系統的脱感作法，不安をもたらす状況に対してこれまで取っていた神経症的反応（たとえば，逃げる）とは別の行動（たとえば，そこに居つづける）を学習するエクスポージャー法（曝露法）などが開発され，これら逆制止の方法は高い治療成績を示した。

行動療法は現実的な現象を細かく観察し，症状の改善という明白な証拠を提示することで効果を実証していった。

5）認知行動療法　1970年代から80年代に入ると，認知が重視されるようになってきた。ここで言う認知とは，症状の形成と維持に関わる患者のものの見方という意味で，言語はそれを表すものとして位置づけられる。個人内過程を扱うことを断固として拒んでいた行動主義心理学者にとって，認知という変数を受け入れることは容易ではなかった。だが現在では認知と行動は治療的実践のための両輪として用いられ，認知行動療法（CBT）と呼ばれる。

バンデューラ（Bandura, 1969, 1977）のモデリング（他者の行動をモデルにして学習すること）や自己効力感（ある行動が必要な状況でできるという認識）は，不安障害，パニック障害などの治療に用いられる有効な手法である（坂野，2002）。たとえばうつ病では，社会生活で期待される行動が取れる自信がなくなってしまう。簡単な行動から試していき，「これはできる」という自信をつけることで，うつも改善されていくのである。ベック（Beck, 1976）は，うつ病者特有のものの考え方（スキーマ）を変えることで改善を試みる認知療法を開発した。うつ病の人は，過度の一般化（たとえば，1つの失敗を「いつでもこうだ」と決めつけてしまう），選択的注目（些細なことに注目してくよくよしてしまう），完全主義的二分法（100点でなければ意味がないという思考）といった推論の誤りによって自動思考してしまい，うつ病から抜け出せない。合理的な思考を習得していくことで，この悪循環を改善していこうとするのである。

最近では弁証法的行動療法（DBT），マインドフルネス認知療法などさまざまな新手法が開

発され，とくに EMDR（眼球運動による脱感作と再処理法），長時間曝露療法は，PTSD など
トラウマを背負った人々の治療に効果的であると注目を集めている。認知行動療法は，「エ
ヴィデンスに基づく治療」（後述）が求められる現代医療現場で大きな勢力となっている。

[3] ヒューマニスティック・アプローチ

1）人間性心理学の旗揚げ　既存体制への反抗が大きくなっていった 1950 年代から 60 年
代の大きなうねりの中で，心理学の主流派は批判を受け，人間性をより直接的に追究する心理
学的アプローチが現れ，大きな勢力を形成するようになった。その目指すものが，成長と幸福
への潜在力への信頼であり，自己実現であった。

マズロー（A. H. Maslow）の呼びかけでアメリカ人間性心理学会（American Association
for Humanistic Psychology）が旗揚げしたのは 1961 年である。以来人間性心理学が追究しよ
うとしてきたのは人間の病理よりも精神的健康であり，創造性，愛，自己，成長，有機体，自
己超越などが基本的テーマとなった。

2）ロジャースの来談者中心療法　人間性心理学の第一人者ロジャース（C. R. Rogers）が
注目したのは意識過程，全体としての人の現象的世界であった。彼はカウンセリングや心理療
法の対象を患者と呼ばず，解決の主体であるクライエント（依頼人）と呼び始めた。そこには，
人間は自分の潜在力を実現しようとする傾向，すなわち実現傾向をもっているという大前提が
ある。治療者はクライエントの体験を第三者的にではなくクライエントの独自のものの見方
（内的照合枠）に沿って捉えようとする。問題を知的に捉えるのではなく情緒的に捉えようと
する営みである。そのような人的環境を提供することで，人間は自己を実現する傾向を発動さ
せられる，というのが来談者中心療法（client-centered therapy）の基本思想である。

3）自己と象徴化　ロジャースは，自分という体験の総体としての自己に焦点を当て，自
己の構造を理論化した（Rogers, 1959）。個人にとっての現象の場，すなわち経験が，成長の
なかで他者との相互作用と通してまとまりとして象徴化され知覚されるようになる。それが自
己概念である。自分の生の経験と自己概念は一致する部分と不一致の部分をつくり出すことに
なる。図 9-2 は，ある時点でのパーソナリティの断面を表したものである。たとえば，「自分
は不器用だ」という自己概念をもつ人は，実際に失敗したときにその経験を自己概念と一致し
たものとしてそのまま知覚することになる（Ⅰの領域）。だが，とてもうまくいったときには，
「今のはまぐれだな」と経験を歪曲して捉え（Ⅱの領域），その喜びは自己概念と一致しないた
めに知覚されにくい（Ⅲの領域）。

自己は経験をそのまま知覚しているわけではなく，全体としての一貫性を保つ方向に働こう
とする。誰しも大なり小なり不一致のなかで生きている。しかし，あまりに不一致が大きく慢
性的になると自分が分からなくなるくらい不安を体験することになる。心理療法では，自己概
念と一致しない経験を知覚して不安に感じ，一貫性に乱れが生じることがむしろ変化へのチャ
ンスになる。それ自体を話し合い，自己概念を再構築しながら統合が徐々に図られるのである。

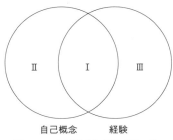

図 9-2.　自己概念と経験の不一致。

4）来談者中心療法の治療的態度　精神分析家や認知療法の治療者はしばしば「自分が正しい」と思いがちであるのに対し，来談者中心療法の治療者はむしろクライエントが進むべき方向を知っていると考える。クライエントの自己駆進力を信頼しているとも言える。それらは鋭い対立点として強調されることが多い。しかし，ロジャース（1957）も治療者自身の「一致」を重視している。押しつけを好まず，さりとて流されず，治療者の自己も重視するのは，流派を超えた良い治療者の特質であろう。

5）ロジャースの功績　ロジャースは，いわゆる問題をもったクライエントだけでなく，一般の人々のための心理的成長の寄与するための活動にも積極的に取り組んだ。代表的なものが，エンカウンターグループという集中的な（1日に数時間のセッションを宿泊して数日間行う）プログラムである（Rogers, 1970）。この記録映画『Journey into Self（邦題：出会いへの道）』は，1968年のアカデミー賞長編記録映画部門を受賞した。全米で延べ1,000万人の人々がエンカウンターグループに参加したと言われており，「人間性解放運動（human potential movement）」の中心的役割を果たした。その後，ロジャースはエンカウンターグループを用いて，紛争解決にも乗り出すなど，治療という文脈を超えて大きな業績を残した。

6）ジェンドリンのフォーカシング　ロジャースの共同研究者であったジェンドリン（E. T. Gendlin）は，何千回にも及ぶ心理療法の録音記録の検討を通して，効果的な心理療法を見分ける鍵が「患者がどのように話しているか」という明瞭な基準にあることを見出した。そして，その話し方の背後にある内的作業において，経験が言語化（象徴化）される過程を整理し，フォーカシングと呼ばれる手法に発展させた（Gendlin, 1981）。フォーカシングでは体験過程の全体を重視する。まず身体の感じに焦点化し，その特定の問題や状況について生じる身体感覚をフェルトセンスと呼ぶ。その全体の感じに触れ続けていると明確な身体的感じをともなった変化が生じる。これがフェルトシフトである。変化は連続的なものであり，その特定の感覚に符合する表現を突き合わせ続け，ぴったりくる感じを待つうちに完全なシフトが生じる。そのような時，現実の問題は何も変わっていないが，内面が変化したために，「すっきりした」「荷が下りた」ような体験となるのである。

7）マズローの欲求階層説　マズローの欲求階層説は脚光を浴び，現在では高校の教科書にもビジネス書にも頻繁に紹介される。それによって，自己実現という言葉は良い意味でも悪い意味でも広く用いられるようになった。

欲求階層とは，低次なものから高次なものに至る人間の諸欲求の階層のことである。「生理的欲求」に始まり「安全の欲求」「所属と愛の欲求」「尊敬の欲求」に至る。低次な欲求は欠乏から生じるものであり，自己実現に向かう「自己実現欲求」は成長欲求として高次な欲求と考えられた（Maslow, 1954）。そして，低次の欲求が満足されると，より高次の欲求を充足しようとする。欠乏欲求に動機づけられた人は「必要とする満足の供給源となる人々に，世話にならなければならない」ため，「環境を恐れねばならない」（Maslow, 1962／邦訳，1964，p.56）と言われる。これに対して，健康な人々はそれら基本的欲求が十分充足され，個人の可能性，能力，才能を実現しようとする欲求に動機づけられ，自立的，自己指向的であるとされた。

8）フランクルのロゴセラピー　マズローやロジャースと同時代に，ヨーロッパでも新たなアプローチの心理療法が相次いで開花した。なかでもフランクル（V. E. Frankl）の考えは，同じく人間性心理学として括られる。

フランクルはアウシュヴィッツやダッハウのユダヤ人強制収容所から奇跡の生還を果たし，ロゴセラピー（実存分析）を創始した精神科医である。強制収容所の体験を描いた『夜と霧』は全世界に衝撃を与えた。その悲惨きわまりない状況の中にあっても人間の生命はつねに意味をもつこと，絶望や環境が人間の尊厳を傷つけるものでないことを見出した。また，想像のなかでつくり上げた妻の面影によって充たされ，「たとえもはやこの地上に何も残っていなくて

も，人間は一瞬間であれ—愛する人間の像に心の底深く身を捧げることによって浄福になり得る」（Frankl, 1947／邦訳，1961, p. 123）ことを悟った。

　その体験はそのままロゴセラピーの真髄となっている。人生の意味は，計り知れない苦悩のなかにあっても存在する。その意味を見出せない苦悩がある。その意味を見出す作業がロゴセラピーなのである。「その苦悩に意味がある場合には，人は進んでその苦悩に耐えようとする」（Frankl, 1972／邦訳，2004, p. 29）。そのような，意味を見出そうとする欲求を「意味への意志」と呼び，その意味を見出す道として，行為の遂行，価値の体験，そして苦悩を挙げた。また彼は，真の人生の意味は世界のうちに発見されるべきものであって，「人の存在の真の目的は自己実現と呼ばれるもののうちには発見され得ない」とする（同上，p. 25）。

　ところでフランクルはロゴセラピーの技法として「逆説志向」を実践した。通常，不安があれば人はそれを小さくしようとするものであるが，むしろ反対に，自分から不安を大きくしてやろうと思うことで不安から逃れることができる，というのが「逆説」である。これは大きな成果を挙げた。フランクルは，不安に対する不安が不安症状をつくるという循環を見て取ったのである。このような手法と，行動療法のエクスポージャー法と似ているのは非常に興味深い。フランクル自身はその類似性を認めているものの，自分の存在に対する根源的な信頼をもう一度取り戻すということに基づいてこそ効果があるものだと強調している。

[4] その他のアプローチ

　これまで述べた主要三大アプローチは，それぞれの考えに基づいたさまざまな治療法をつくり出した。子どもに対して，遊びを通してこころを理解し，探求しようとする遊戯療法，グループでの対人相互作用から自己の気づきを深める集団療法，芸術（絵画，音楽など）を用いてこころを解放していく芸術療法，そしてドラマやダンスを用いたアクション・メソッドなど，それぞれ非常に有効な手法である。

　また，システム理論の登場により，問題行動を個人の問題とせず，システム全体の問題として捉えるシステミック・アプローチが注目され，家族療法が大きな発展を遂げた。システムで事象を理解するアプローチは集団・組織の理解や社会的事象の理解にも適用されてきている。

[5] こころの臨床の広がり

　こころの臨床は近年ますますその領域を広げている。災害や事故によるこころの傷つき体験（心的トラウマ）に対する「こころのケア」はすでに定着した感がある。それは同時に，面接室の中で活動していた臨床家たちが現場に赴いて，その集団，組織，地域を支援する活動を発展させてきている。また，不幸なことだが，日本でも児童虐待やDV（ドメスティック・バイオレンス）が増加し，トラウマの治療が切実に求められるようになってきている。より身体感覚を重視し，神経科学的知見を取り込みつつ，安心できる人間関係の中でこころの修復をねらうアプローチが展開してきている。

　また近年，自閉スペクトラム症を中心としたさまざまな発達障害がさまざまな現場で注目されるようになり，そのような人たちへのこころの臨床への取り組みが大きな課題となっている。さらにはトラウマを幼少期に多重に体験することで発達障害のような状態になる「発達性トラウマ障害」（van der Kolk, 2005）の概念も注目されている。

3 終わりに

[1] 科学性と人間性

　行動療法は「科学的である」ことをもってその地位を確立した。行動療法家ウォルピは，自

らの臨床技法の科学的検証を通して精神分析に反論した。だが，「（ウォルピ）先生の子どもの
ような無邪気そうな表情，先生と患者がまるでひとつの小宇宙を作ってその中にいるような空
気の壁，どれも魔法のように見えた」（山上，1997，p. 37）というほど，達人の「人間らしさ」
があった。

　ランバート（Lambert, 1986）は，さまざまな心理療法の効果を検証して，クライエントと
セラピストとの関係性やセラピストの「人となり」が非特異的（共通）要素として大きな比重
を占めていることを見出した。これは重要な転機となり，ノークロス（Norcross, 2002）は心
理療法における関係性を中心的要因として強調した。科学的検証が進むほど，「人間的」要素
の重要性へと回帰していると考えることができよう。

[2]「医療化」と人間性

　現代医療においては，広く，エヴィデンス（証拠）によって確認された治療法（EBM）を
実践することが適切であると認識されている。その波は，こころの臨床の領域にも押し寄せて
いる。それ自体は問題ではないが，ともすると人の「苦悩」がすべて診断マニュアルでラベル
づけられ，「短期で治る」「お金がかからない」といった理由で特定の治療法が選ばれる傾向を
つくり出してもいる。むろん心理的問題，精神障害への正しい理解，効果的な薬物，適切な治
療法の選択の検証は必要である。だが，フランクルは語っている。「生きがいに対する人間の
関心は，たとえそれが絶望であったとしても精神的苦悩（spiritual distress）であって，決し
て精神病（mental disease）ではありません。前者を後者の観点から解釈することは医師が彼
の患者の実存的絶望を鎮静剤の山で覆い隠してしまうことになりかねません。医師の仕事とは，
むしろ，成長と発達の実存的危機に際して患者の水先案内をすることなのであります」
（Frankl, 1972／邦訳，2004，p. 14）。50年近く前のフランクルの指摘は，現代の問題を指摘
していないだろうか。

　人間の問題行動を「治療すべきもの」として捉える態度を医療化と呼ぶ。それ自体が問題な
わけではないが，一つの問題は，人間の苦悩についての理解を平板にしてしまうことである。
苦悩は人を育てもする。「取り去る」ことが解決なのではない。むしろ「生ききる」ことが重
要なのである。

　現代はこころの危機の時代だと言ってよい。良い治療法やソーシャルサポートの構築が必要
である。だが，単に治療法が充実すれば良いという考えが危険なのは上述のとおりである。
「科学的」なこころの臨床のためには，いっそう深い「人間性」への理解が求められるのであ
る。

参考文献

Bandura, A. (1966). *Principles of behavior modification*. New York: Holt, Rinehart & Winston.

Bandura, A. (1977). Self-efficacy: Toward a unifying theory of behavioral change. *Psychological Review, 84*, 191–215.

Bateman, A., & Fonagy, P. (2004). *Psychotherapy for borderline personality disorder: Mentalization-Based Treatment*. Oxford, UK: Oxford University Press.

Beck, A. T. (1976). *Cognitive therapy and the emotional disorders*. New York: International Universities Press. （ベック，A. T.　大野　裕（訳）(1990). 認知療法——精神療法の新しい発展　岩崎学術出版社）

Bowlby, J. (1969). *Attachment and loss, Vol. 1: Attachment*. New York: Basic Books. （ボウルビィ，J.　黒田　実郎・大羽　蓁・岡田　洋子（訳）(1991). 母子関係の理論Ⅰ：愛着行動　岩崎学術出版社）

Breuer, J., & Freud, S. (1895). *Studien über Hysterie*. Leipzig & Vienna: Franz Deuticke. （ブロイアー，J.・フロイト，S.　懸田　克躬・小此木　啓吾（訳）(1974). ヒステリー研究（フロイト著作集 7）

人文書院）

Erikson, E. H.（1959）. *Ego identity and life cycle*. New York: W. W. Norton & Company.（エリクソン，
　　E. H.　小此木 啓吾（訳）（1973）．自我同一性　誠信書房）

Eysenck, H. J.（1952）. *The scientific study of personality*. London: Routledge & Kegan Paul.

Eysenck, H. J.（Ed.）.（1960）. *Behavior therapy and the neuroses*. Oxford, NY: Pergamon Press.（アイ
　　ゼンク，H. J.　異常行動研究会（訳）（1965）．行動療法と神経症──神経症の新しい治療理論
　　──　誠信書房）

Eysenck, H. J.（1985）. *Decline and fall of the Freudian empire*. London: Viking.（アイゼンク，H. J.
　　宮内 勝・藤山 直樹・中込 和幸・中野 明徳・小沢 道雄（訳）（1988）．精神分析に別れを告げ
　　よう──フロイト帝国の衰退と没落　批評社）

Frankl, V. E.（1947）. *Ein Psycholog Erlebt Das Konzentrationslager*. Wien: Verlag für Jugend und
　　Volk.（フランクル，V. E.　霜山 徳爾（訳）（1961）．夜と霧──ドイツ強制収容所の体験記録
　　みすず書房）

Frankl, V. E.（1972）. *Ausgewählte Vorträge über Logotherapie*. Bern: Hans Huber.（フランクル，F. V.
　　山田 邦男（監訳）（2004）．意味による癒し──ロゴセラピー入門　春秋社）

Freud, S.（1899）. *Die Traumdeutung*. Leipzig & Vienna: Franz Deuticke.（フロイト，S.　高橋 義孝
　　（訳）（1900/1968）．夢判断（フロイト著作集 2）人文書院）

Gendlin, E. T.（1981）*Focusing*（2nd ed.）. New York: Bantam Books.（ジェンドリン，E. T.　村山 正
　　治・都留 春夫・村瀬 孝雄（訳）（1982）．フォーカシング　福村出版）

Lambert, M. J.（1986）. Implications of psychotherapy outcome research for eclectic psychotherapy. In
　　J. C. Norcross（Ed.）, *Handbook of eclectic psychotherapy*（pp. 436–462）. New York: Brunner
　　Mazel.

Maslow, A. H.（1954）. *Motivation and personality*. New York: Harper & Row.

Maslow, A. H.（1962）. *Toward a psychology of being*. Princeton, NJ: D. Van Nostrand.（マズロー，A.
　　H.　上田 吉一（訳）（1964）．完全なる人間──魂のめざすもの　誠信書房）

Norcross, J. C.（Ed.）.（2002）. *Psychotherapy relationships that work*. Oxford, NY: Oxford University
　　Press.

Rogers, C. R.（1957）. The necessary and sufficient conditions of therapeutic personality change.
　　Journal of Consulting Psychology, *21*, 95–103.（ロージァズ，C. R.　伊東 博（訳）（1966）．パー
　　スナリティ変化の必要にして十分な条件　ロージァズ全集 第 4 巻　岩崎学術出版社）

Rogers, C. R.（1959）. A theory of therapy, personality, and interpersonal relationships, as developed in
　　the client-centered framework. In S. Koch（Ed.）, *Psychology: A study of a science, Vol III.
　　Formulations of the person and the social context*. New York: McGraw-Hill.

Rogers, C. R.（1970）. *On encounter groups*. New York: Harper and Row.（ロジャーズ，C. R.　伊東 博
　　（訳）（1982）．エンカウンターグループ　創元社）

坂野 雄二（2002）．パニック障害　下山 晴彦・丹野 義彦（編）　講座臨床心理学 3　異常心理学 I
　　（pp. 59-80）　東京大学出版会

Solms, M., & Turnbull, O. M.（2002）. *The brain and the inner world: An introduction to the neuro-
　　science of the subjective experience*. New York: Other Press.（ソームズ，M.・ターンブル，O. M.
　　平尾 和之（訳）（2007）．脳と心的世界：主観的経験のニューロサイエンスへの招待　星和書店）

Stern, D. N.（1985）*The interpersonal world of the infant──A view from psychoanalysis and develop-
　　mental psychology*. New York: Basic Books.（スターン，D. N.　小此木 啓吾・丸田 俊彦（監訳）
　　神庭 靖子・神庭 重信（訳）（1991）．乳児の対人世界（理論編・臨床編）　岩崎学術出版社）

van der Kolk, B. A.（2005）. Developmental trauma disorder: Toward a rational diagnosis for children
　　with complex trauma histories. *Psychiatric Annals*, *35*, 401–408.

山上 敏子（1997）．行動療法 2　岩崎学術出版社

吉田 稔（2004）．Freud の言葉を考え直す：──ドイツ語学習者の観点から見た「想起，反復，徹底操
　　作」　心理臨床学研究, *22*, 358–369.

Ψ Chapter 10
パーソナリティ理論と力動

荻本 快

1 はじめに

　1937 年に人格心理学をはじめて体系づけた書物『人格：心理学的解釈』を著したオールポート（G. W. Allport）はパーソナリティを次のように定義している。「パーソナリティとは，環境への独自の適用方法を規定している個人内部の動的な心理システムである」（Allport, 1937）。

　個人を取り巻く環境の中で，個人は環境からの影響を受け，逆に環境に対して反応し働きかけようとする。このとき個人の内部に，心理的なダイナミクスが生まれている。この心理力動を学問的に捉えようとするのがパーソナリティ心理学（人格心理学）あるいは性格心理学だと言える。筆者は量的な調査研究に従事していると同時に，長期の心理療法によって個人の内的なダイナミクスをクライエントとともに探求している。本稿では，パーソナリティ心理学が成立した歴史をおさえ，種々の類型論と特性論を概観し，その課題と展開をみる。そして力動的心理学の実践とも言える力動的心理療法で用いられる精神分析理論と愛着理論，さらに最近のp 要因（p factor）研究にふれる。最後に，中動態の考え方からパーソナリティ研究の展望を考える。

2 パーソナリティ・性格に関する学問の歴史

　医聖と呼ばれる紀元前 4 世紀のギリシャの医者であったヒポクラテス（Hippocrates）は，人間の 4 つの体液―血液，黄胆汁，黒胆汁，粘液―を重視し，それらの体液のバランスが崩れると病気になるという体液説を提案した。これは 4 つの体液と病気を対応させた類型論だと言ってよい（サトウ，2006）。2 世紀にガレノス（Galenos）が，体液とそれに特徴的な気質を結びつけている。体液と気質を結びつける考え方はその後に否定されるが，今でもこの 4 つの気質の名称は臨床心理学・精神医学領域で用いられることがある。

　パーソナリティ心理学は哲学にも発祥をもつ。今田（1962）は，パーソナリティ心理学（人格心理学）の源泉をギリシャ哲学のエピクロス学派とストア学派に見出している。紀元前 3 世紀アレキサンダーが没し，ギリシャの社会が不安定になり，人々は個人としていかに生きるべきかに悩んでいた。このとき哲学を実際の生活に適用することに重きをおくエピクロス学派（Epicureans）とストア学派（Stoics）が現れた。

　エピクロスは，快楽こそ人生の目的であり，哲学はその目的達成の手段であると言った。快楽とは単に欲望を満足させるだけでなく，精神的な平静こそが満足な状態であるとし，これをアタラキシアと呼んだ。これを乱すものは迷信と妄想であり，これを破るためには，ありのま

まを認識することが必要であるとし，その根拠としては，デモクリトスの原子論に基づく唯物論，認識については感覚論をとり，霊魂の不滅を否定した。一方，ストア学派はゼノンによって創められた。その説くところは節制であって，感情を抑制し，心を動かさない状態，いわゆるアパテイアが理想的な状態であり，積極的に自然の法則に従って生活することが説かれた。エピクロス学派やストア学派は共に，感情と意志とに重きをおいた点において，知的概念的であったソクラテス，プラトン，アリストテレスの哲学とは異なり，力動的心理学に近かった（今田，1962）。

詫摩ら（2003）は性格研究の萌芽を，同じく紀元前3世紀のテオフラストスにおく。テオフラストスは『エチコイ・カラクテレス』（邦訳『人さまざま』）という書物の中で，アテネの市民の性格について，尊大，貪欲，猫かぶり，粗野，おせっかい，虚栄，臆病，けちといった特徴をもつ人物を描写している。テオフラストスの示した性格考察の方法はその後も継承され，モンテーニュ，パスカル，ラ・ブリュイエールなどの随想録・箴言集の中に人の性格に関する洞察が見られる（詫摩ら，2003）。個人の生活を詳細に記述し，それを名づけて分類する思考が始まっていたことがうかがえる。

詫摩ら（2003）は，ギリシャ時代以降19世紀までは性格の研究は観相学，骨相学，筆跡学で行われたとしている。

20世紀初頭にフロイト（S. Freud）が精神分析を始め，精神分析の手法で研究された病理をうみだす個人の内的なダイナミクスが事例研究によって詳細に探究されるようになる。フロイトの後期理論では，病理の研究だけでなく個人全体の力動を説明する理論として発展していく（Gay, 1988）。その後フロイトの精神分析は米国で興った力動的心理学と結びついていく。力動的心理学とは，心的活動の能動性，目的性，主体的要因，生得的性質といった内的要因を重んじる心理学である（今田，1962）。オールポートのパーソナリティ心理学はこの力動的心理学の中に位置づけられると言えよう。

3　さまざまなパーソナリティ理論

パーソナリティ心理学の歴史の中で1930年から1950年頃の間にさまざまな理論的立場が整備され，「パーソナリティ」を捉えるための包括的な概念的システムが，種々の立場から提唱された。主要なパーソナリティ理論の多くは，この時期に基本的な理論的体系の構築が行われ，これらの領域の区別にオールポートが大きな役割を果たした（榎本ら，2003）。表10-1にさまざまな性格の理論を挙げた（無藤ら，2004，p.216）。

性格理論として最もよく取り上げられるのは類型論と特性論である。類型論は性格をいくつ

表10-1.　さまざまな性格の理論

理論	代表的な理論家	キーワード
精神分析的理論	フロイト	無意識，口唇期・肛門期
人間性主義的理論	ロジャース	自己概念
	マズロー	自己実現
類型論	ユング	外向性・内向性
	クレッチマー	体格と性格
	シュプランガー	価値観
特性論	オールポート	個人特性・共通特性
	アイゼンク	4層構造
	コスタとマクレー	5因子モデル
社会的認知理論	ミッシェル	状況と認知

かの典型的な例に当てはめて分類するものであり、特性論は行動傾向の集積として捉えるものである。

4 類型論と特性論

[1] 類型論

1) 類型論とは　類型論とは、人間をいくつかの種類に分類し、それぞれのグループの典型的な特徴を記述することによって、パーソナリティを記述する方法である。代表するものとしてクレッチマー（E. Kretschmer）、シェルドン（W. H. Sheldon）、ユング（C. G. Jung）がある。

2) クレッチマーの体格気質類型論　ドイツの精神医学者であるクレッチマーは 1921 年に、『体格と性格』という本を著した。これは外見的な体格と性格を結びつけて考える分類であった。ガレノスの類型論の影響を受けて、クレッチマーは「気質」を、血液と体液といった内分泌機構によって定まるものと考えた。精神科の病院に入院している患者のデータに基づき、肥満型・細長型・闘士型の 3 つの体型に分け、精神疾患の種類と比較した。この分類に精神疾患の病前性格と呼ばれる罹患する前の気質の特徴を対応させている（表 10-2、小塩、2010、p. 78）。こうして提唱されたのがクレッチマーの類型論である（小塩、2010）。

3) シェルドンの類型論　クレッチマーの類型論に基づいて米国のシェルドンら（Sheldon & Stevens, 1942）は大学生 4,000 人の器官（身体の 17ヶ所）を測り、消化器官がよく発達している内胚葉型、皮膚や感覚器官そして神経系がよく発達している外胚葉型、筋骨が発達している中胚葉型の 3 つに体系を分類している。それぞれに対応する気質として内臓緊張型（飲食を楽しみ、社交的である）、頭脳緊張型（控えめで抑制的、心配性）、身体緊張型（自己主張的、身体活動を好む、大胆である）に分類している（小塩、2010）。

4) ユングの向性類型型　フロイトと袂を分かって分析心理学を唱えたユング（C. G. Jung）は、生まれつき心的エネルギー（リビドー）が向かう方向（向性）の違いからパーソナリティを「外向型」「内向型」に分類した。外界の刺激に影響を受けやすいのが外向型で、内面にエネルギーが向かって自己に関心が集まりやすいのが内向型である（Jung, 1921）。

5) 類型論の長所と短所　類型論の長所として、それぞれの理論が一定の背景のうえに構成され、論理的にも統合されており、典型例も明示されている点が挙げられる。また、個人個人の性格はそれぞれ独自なものであるが、この独自性を理解するための枠組みとして類型は有用である。そして、性格の類型についての知識をもっていると個人の性格の理解に役立つ（詫摩ら、2003）。そして、類型論は特性論と比較して、要素の足し合わせでは見えてこないパーソナリティの全体的な特徴を記述している点で優れている（小塩、2010）。臨床や日常でよく用いられているのが類型論である。

　一方で、類型論の短所として、人間をそれぞれ独自性をもった全体として考えるので、これ

表 10-2.　**クレッチマーによる体格・気質とその特徴**

体格	対応する病理	気質名称	気質の特徴
細長型	統合失調症	分裂気質	1. 非社交的、静か、内気、まじめ 2. 臆病、恥ずかしがり、気の小さい、神経質、自然と書物が好き 3. 従順、善良、正直、鈍感、愚直
肥満型	躁うつ病	循環気質 （躁うつ気質）	1. 社交的、善良、親切、温厚 2. 明朗、ユーモア、活発、熱烈 3. 冷静、安静、うつになりやすい、気が弱い
闘士型	てんかん	粘着気質	執着する、変化・動揺が少ない、几帳面、秩序を好む、融通が利かない

をより小さな部分には分析できない点が挙げられる（詫摩ら，2003）。また類型論では，1つ
の類型と他の類型の中間型や移行型が無視されやすい。また，個人をある類型に入れようとす
ると，その類型の特徴だけが注目されて，他の特徴が無視されてしまうことがある。そして，
類型論では性格を静態的なものとして見て，その力動的な面，とくに性格形成に及ぼす社会
的・文化的環境の要因が軽視されがちである（詫摩ら，2003）。

　これらの短所がある類型論であるが，サトウ（2006）は，発達事象におけるさまざまな経路
に焦点を当てるときに，個人の発達経路の多様性を束ねるものとしての類型という考え方が有
効ではないかとしている。個別の事例研究から普遍的な理解を構築する際に，類型論を中間項
として媒介させることが有効ではないかと論じた。パーソナリティの変化や移行，あるいは中
間的な領域を見据えて類型論を用いていくことで，より的確かつ動的に個人を捉えることがで
きる（サトウ，2006）。

［2］特性論

1）特性論とは　　たとえば，「あの人は明るいね」とか「あの人は思慮深いね」などと言う
が，この「明るい」や「思慮深い」を特性と呼ぶ。人が共通してもっている態度や行動の様式
である。特性論では，パーソナリティの違いは質の差ではなく，程度の差にあらわれると考え
られている。ただ，特性をどのように抽出するか，いくつの基本的な因子によって特性を捉え
ていくかは研究者によって異なり，それぞれ尺度や心理検査を作成している。因子分析を用い
てパーソナリティを探求する方法が定着している。代表的な研究者に，オールポート，キャッ
テル，アイゼンクが挙げられる。

2）オールポートの特性論　　オールポートは，社会的に意味があるパーソナリティは，日
常で使用する言葉に含まれていると考え，ウェブスター英語辞典から人間の特徴を表現する言
葉として約18,000語を選び出した（Allport & Odbert, 1936）。そして，選び出した言葉を，
①パーソナリティを表す言葉，②一時的な状態・気分・活動を表す言葉，③道徳的な振る舞い
や評判など価値判断を表す言葉，④身体的な特徴・能力・その他，というカテゴリーに分類し
た。すると，①パーソナリティ特性を表す言葉だけで4,504語が分類された（小塩，2010）。
オールポートは，これらの言葉（つまり特性名）がパーソナリティの基礎にある構造の単位と
複雑に関連していると考え，言葉を整理することによって，パーソナリティの構造を理解しよ
うとしたのである（鈴木，2012）。

3）キャッテルの根源特性　　オールポートらの研究は，パーソナリティ特性をいくつかあ
る言葉から探っていくものであったが，その限界として，分類に恣意的な判断や主観的な判断
が入ってしまうことにあった。そこでキャッテル（R. B. Cattell）は，知能の研究で用いられ
ていた因子分析の統計手法を用いて，パーソナリティ特性を表す言葉の整理を行った
（Cattell, 1950）。その結果，16のパーソナリティ特性にまとめられることを見出し，この成果
をもとに16PF（16 Personality Factor Questionnaire）と呼ばれるパーソナリティ検査を開発
している（小塩，2010）。キャッテルの研究が画期的だったのは，その後も人格心理学で多く
用いられるようになった因子分析を人格の研究に導入し客観的な研究を目指した点である。

4）アイゼンクの特性論　　アイゼンク（H. J. Eysenck）は因子分析によって2つの基本的
な因子を見出した。それが「外向性」と「神経症傾向」である。

　「外向性（外向性 − 内向性）」は，個人の基本的な方向性が外の世界に向いているか自分自身
に向いているかの程度を表している。「神経症傾向（情緒不安定性 − 安定性）」は，情動性を表
す側面で，不安や神経質・不健康であるか，よく適応できているかの程度を表している。なお，
後に第3の次元として「精神病傾向」を加えている。これは衝動をコントロールできる程度や
敵対心などを表している（小塩，2010）。

アイゼンクはパーソナリティを階層構造として捉えた。一番下の水準は，ある刺激に対して特定の「反応」をするという水準である。次の水準が，特定の反応が集まった「習慣」である。朝職場で顔を合わせたら挨拶をするなど，生活の中で反応を繰り返していると，習慣になる。いずれその習慣が集まって構成されるのが，「パーソナリティ特性」で，反応から習慣そして特性までの階層が捉えやすい理論となっている（Eysenck, 1967）。

5）ビッグファイブ　特性論では，多くの研究者が人間のパーソナリティ特性がいくつあるかという研究を行ってきた。1980 年代から現在にかけて，多くの研究者の同意が得られているのがビッグファイブや，5 因子モデルと呼ばれているものである（小塩，2010）。

1980 年代に入りゴールドバーグ（L. R. Goldberg）が 5 つの基本因子を指摘して以降，研究が積み重ねられ，5 因子が普遍的に見られるという考え方が人格心理学で支持されている。これが，ビッグファイブ（Big Five）もしくは 5 因子モデル（Five Factor Model）と言われている（Goldberg, 1981）。この 2 つの考え方は重視するものやアプローチが異なるが，少なくとも，パーソナリティを 5 つの因子によって理解しようとしている点において共通している。ビッグファイブや 5 因子モデルで示される 5 つのパーソナリティ特性は「神経症傾向」「外向性」「開放性」「協調性（調和性）」「誠実性（勤勉性）」である。表 10-3 に各因子の名称とその特徴を示した（鈴木，2012，p. 20）。

6）特性論の長所と短所　特性論の長所を詫摩ら（2003）は次のように説明している。因子分析を用いて性格の基本的因子を決定することで，性格特性を客観的にまた能率的に測定することができる。量的な測定であるので，個人間の特性の比較も容易となる。そして，性格特性の項目によって，個人の性格を評定し，結果を記入した項目表のプロフィールを作成することによって，個人の性格を詳しく捉えることができる。

一方で特性論の短所として詫摩ら（2003）は次のような問題点を指摘している。特性論で用いられる因子分析そのものは客観的操作であるが，この分析の基礎になっている個々の特性が，果たして性格のすべてを網羅しているのだろうかという点である。測定結果はプロフィールで表されるが，性格特性のプロフィールは，断片的，モザイク的であり，個人の全体像を必ずしも明らかにしていない。またプロフィールだけでは平板的であり，性格の全体構造のあり方が直観的に分かりにくい。そして，人が共通にもっている特性の量的な比較によって，個人のユニークな特性を無視してしまうのではないかという指摘もある。さらに性格特性は固定的なものではなく，状況依存的に決定されるべきで，状況とセットにした性格特性という考え方が必要であるのに，性格特性研究にはそれが欠けているという批判である。

こういった特性論研究への批判に基づき，ミシェル（W. Mischel）は 1968 年にパーソナリ

表 10-3.　5 つの因子の名称とその特徴

名称（英語）	名称（日本語）	特徴の例
Extraversion/Surgency	外向性	活動的で積極的に人と関わり話し好きである
Agreeableness	調和性／協調性	良心的であり他者を信頼し協力的である
Conscientiousness	誠実性／良識性／統制性	十分に考えて自律して目標を達成する
Neuroticism/Emotional stability	神経症傾向／情緒安定性／情緒不安定性	感情が不安定で衝動的である
Openness to experience/intellect/culture	開放性／経験への開放性／知的好奇心	想像的・想像的であり好奇心がある

注）名称は代表的なものをいくつか英語と日本語それぞれについて並べているだけであり，英語と日本語で対応させているわけではない。

ティ研究批判を行い，人間 – 状況論争が起きた。

　　7）人間 – 状況論争　　榎本ら（2003）は人間 – 状況論争（person-situation controversy）を次のように説明している。ミシェル（Mischel, 1968）によるパーソナリティ研究批判に端を発し，ほぼ20年にわたって続けられた。ミシェルの批判は次のようなものである。①行動に状況を超えた一貫性があるのか，②行動の規定因としての状況要因をもっと重視すべきではないか，③質問紙や投影法検査によるパーソナリティ測定は本当に行動を予測できるのか，④パーソナリティ特性は何らかの実在性をもつと考えてよいのか，という4点を骨子としている。こうした指摘は，特性論を擁護する研究者と，状況要因を重視する社会的学習論者や社会心理学者との間に深刻な対立をもたらし，「パーソナリティ研究の危機」と呼ばれる事態を引き起こした。論争は結果的に決着のつかないまま下火になったが，ケンリックとファンダー（Kenrich & Funder, 1988）はこの論争の教訓を以下の4点にまとめている。すなわち，①パーソナリティ研究の中で特性という概念の有用性を否定することはできない，②一方でテスト結果を鵜呑みにし，「純粋特性」があるように考える立場も現実的ではない，③特性評価に関しては，多様な観察者による多様な手法を用いて妥当性を向上させる必要がある，④特性評価を用いて行動に対する縛りの強い状況での予測を行ったり，単一の行動事例をもとに別の個別の行動事例を予測することは避けねばならないという点である（榎本ら，2009）。ある研究手法が開発されると，その手法で見えるものだけが真実であるように錯覚し，判断の偏りが生じる。この偏りを是正するために，政治的な闘争ではなく学問上の論争が行われるのは歓迎すべきことであろう。

　　ここまで，類型論と特性論を紹介し，それぞれの特徴を述べ，特性論が大きく見直される契機となった論争を概観した。次に，精神分析理論における，精神内的なダイナミクスに基づき，外的要因と内的要因の力動的関係まで分析の枠組みに入れた自我の概念について説明していく。

5　フロイトの人格理論

　　米国の力動的心理学者オールポートは普仏戦争から第二次世界大戦の間に，自我の研究が近代心理学では失われていたが，その代わりに精神分析がその役割を果たしていたと述べている（今田，1962）。その後，精神分析は1970年代と80年代の米国で爆発的に発展する。精神分析が引き続き追究してきた「自我」とはどのようなものであろうか。ここでは，日本における精神分析理論の紹介者の一人である土居（1988）による『精神分析』を参考にして，フロイトの自我概念についての考え方を見ていく。

　　さらに自我が形成される親子の関わりで見られる「愛着」に注目し，ｐ要因についても見てみよう。

[1] イド・自我・超自我（土居健郎『精神分析』（1988）を参考にしている）

　　フロイトの本能的衝動は，精神的なものと身体的なものの境界を表す概念で，生物体の中から発して精神にまで到達する刺激の精神的表れだと考えられている。人間の無意識，すなわち，本能的衝動ないし欲求のはたらきを明らかにするには，人間の精神の構造を考察する必要があった。そこでフロイトは〈イド〉〈自我〉〈超自我〉という分析のための作業仮説を立てた。イドは精神の最も原始的な基層，自我は現実に適応する精神の主体，超自我は人間社会の道徳が精神内に反映し内在化したものと言うことができるであろう。

　　1）イ ド　　イドは，人間が誕生時に所有している精神的資質のすべてを包含する。それは遺伝によって両親から譲り受けた生物的体質に根ざしていると考えられている。本能的欲求はイドの代表者である。本能的欲求として意識されたものはイドに発生したものだが，イド自

体ではなく，イド自体は本来，無意識に留まっていて，イドの実態を直接われわれはつかむことができない。ただ本能的欲求や，夢および精神疾患の場合のように，人間の意識生活のとばりが一時的に上がったときにのみ，その背後にある無意識界を垣間見ることができるというのである。

2）自　我　　自我についてフロイト（1949）は次のように説いている。

　　われわれをとりまく外界の影響の下に，イドの一部が特殊の発達をとげる。もともと外界の刺激を接受し，かつ過度の刺激に対しては個体を保護する器官をそなえるイドの皮層から新しい組織が生じ，これがその後はイドと外界の間に媒介の役を果たすにいたる。この精神的活動の座を自我と呼ぶのである（土居，1988，p. 61）。

　人間が胎内にいる間はいかなる刺激も興奮もただちに満足させられる。ここで言う刺激ないし興奮は体内に発するものである。しかし，誕生後はこの状態を維持することは不可能である。自ら呼吸して酸素を摂取せねばならず，自ら乳を吸って栄養をとらなければならない。この新しい活動の源がイドに潜む精神的エネルギーである。外界という新しい環境に適応しようとする活動の目的となるのは，緊張状態を静めることである。たとえば，乳児は腹がすいたときに落ち着かなくなる。十分に敏感な母親はすぐ乳房をふくませる。すると乳児は満足しておとなしくなる。

　胎内において享受した同時的満足の欲求が誕生後も存続して現実に満たされない場合，仮想的に満足するための精神的過程が生じる。この過程が一次過程と呼ばれるものであり，この過程を支配する法則が〈快楽原則〉である。「一次過程」は，現実を顧慮せず，時間にしばられることを拒み，苦痛を避け快楽を求めることに従事する。しかし，生存を維持するためには，満足の供給源である外界をはっきり認識し，外界の対象を把捉することを学ばなければならない。認識は知覚にあり，把捉は運動にあり，学ぶのは思考による。これら知覚・運動・思考の三者は，外界の対象に向かう現実的な精神活動である。このように現実を顧慮した活動を「二次過程」と称し，それに従う法則を〈現実原則〉と呼んでいる。

3）超自我　　超自我は自我が形成された後に外界の中でもとくに両親のしつけないし教育・強化を受けることによって発達する。自我の形成された後もイドの要求は本能的欲求として満足されることを求め続けるが，このような本能的欲求を制限する両親による教育が自我の中に摂取されて内在化されたものが超自我である。両親による教育が軌道にのり成功すると，もはや両親による統制がなくても，子どもの本能的欲求は自律的に抑制されるようになる。ここに超自我と自我の機能との間に距離ができるので，超自我と呼んで自我から区別して捉えている。

　フロイトは個人の無意識を考察するにあたって，人格を機能ごとに分け，そのシステムごとのダイナミクスによって，人間の感情と意志を捉えようとしたのである。

[2] 愛着（アタッチメント）スタイルについて

　精神分析家であり臨床心理学者であったボウルビィ（J. Bowlby）は，乳幼児の母子関係についての愛着理論（アタッチメント理論）を提唱する。エインズワース（M. Ainsworth）は，新奇場面法（Strange Situation Procedure: SSP; 実験的に新奇の部屋に養育者と幼児に入ってもらい，しばらく経った後に養育者が退室する。次に幼児にとって新奇の者が入室し，一定時間を過ごした後に退室する。その後に養育者が入室して幼児と再会するといった手続き）によって，9ヶ月から18ヶ月の幼児の愛着の質を評定し，その結果を安定型（secure），不安定−回避型（insecure-avoidance），不安定−両価型（insecure-ambivalence）の3つの型に分類した（Ainsworth et al., 1978）。その後，メインとソロモン（Main & Solomon, 1986）による不

表 10-4.　SSP における幼児の行動特徴（林，2010 を参考に作成）

反応の型	幼児の反応パターン
A型 （不安定型 - 回避型）	養育者との分離に際し，泣いたり混乱を示したりということがほとんどない。再会時には，養育者から目をそらしたり，明らかに養育者を避けようとしたりする行動が見られる。養育者が抱っこしようとしても幼児の方から抱きつくことはなく，養育者が抱っこするのをやめてもそれに対して抵抗を示そうとしたりはしない。養育者とはかかわりなく行動することが相対的に多い。
B型 （安定型）	分離時に多少の泣きや混乱を示すが，養育者との再会時には積極的に身体接触を求め，容易に静穏化する。実験全般にわたって養育者や実験者に肯定的感情や態度を見せることが多く，養育者との分離時にも実験者からの慰めを受け入れることができる。また，養育者を安全基地として，積極的に探索的活動を行うことができる。
C型 （不安定 - 両価型）	分離時に非常に強い不安や混乱を示す。再会時には養育者に身体接触を求めていくが，その一方で怒りながら養育者を激しくたたいたりする。近接と怒りに満ちた抵抗という両価的な側面が認められる。全般的に行動が不安定で随所に用心深い態度が見られ，養育者を安全基地として，安心して探索行動を行うことがあまりできない。養育者に執拗にくっついていようとすることが相対的に多い。
D型 （不安定 - 無秩序・無方向型）	近接と回避という本来ならば両立しない行動が同時的に（たとえば顔をそむけながら養育者に近づこうとする）あるいは継時的に（たとえば養育者にしがみついたかと思うとすぐに床に倒れこんだりする）見られる。また，不自然でぎこちない動きを示したり，タイミングのずれた場違いな行動や表情を見せたりする。時折，養育者の存在におびえているような素振りを見せることがあり，むしろ初めて出会う実験者等に，より自然に親しげな態度を取ることも少なくない。

安定型 - 無秩序型（insecure-disorganized）という第 4 の型が抽出され，現在は 4 つの型で分類されている。各型について，SSP における幼児の行動特徴を『思春期とアタッチメント』（林，2010）を参考に見てみよう（表 10-4）。

　アタッチメントスタイルの分類は，現在行われている力動的心理療法の実践で広く用いられており，多くの面接法や質問紙が開発されている。

[3]　p 要因

　カスピら（Caspi et al., 2014）は，精神障害と診断される人には，いろいろな精神障害が結果として併存して見られることから，内向的問題や外向的問題そして思考障害（統合失調症を含む）の背景にある共通する因子があるのではないかという問題意識をもった。そこで，人生を通じた調査（Dunedin Multidisciplinary Health and Development Study）に参加している1,007 人の思春期から成人にかけての 20 年の調査結果から，参加者の精神病理における，①次元，②連続性，③同時発生，④連続的な併存性を解析した。その結果，さまざまな精神病理の普遍的な背景因子となるような因子 p 要因が抽出された。力動的心理療法の 1 つであるMentalized Based Treatment（MBT）を開発したフォナギー（P. Fonagy）は，彼が MBT の研究で，認識論的不信（epistemic mistrust）が多くの精神障害の背景に存在すると提唱してきた。フォナギーは認識論的不信が多くの精神障害の背景にあるという考え方を，p 要因の研究が支持すると言っている。MBT では，実際にこのような認識論的不信を重要な介入領域の一つにおいて，認識論的信頼（epistemic trust）の回復・発達を目指している（Fonagy & Allison, 2014）。

6 「力動」に向けて

　ここであらためて，「力動」とは何なのだろうか。フロイトが敬愛したスピノザ（Baruch De Spinoza）を研究している國分（2017）は『中動態の世界：意志と責任の考古学』の中で，

スピノザの「本質」を力動と結びつけて捉えている。スピノザの言う本質は力動的とでも呼ぶべき概念である。『エチカ』において，個体の本質は，力であるとスピノザは述べた（國分，2017）。

> 本質は〈変状する能力〉として刺激を受けるが，それに応じて変状するし，かつ変状することによって自らにも一定の影響を及ぼす。本質は単に外部からの刺激を打ち返すだけでなく，打ち返しながら自らに変化をもたらしている。そして，この力としての本質が原因となって，一定の変状が，すなわち欲望が起こり，それが行為や思考という結果として現れる（p. 256）。

中動態の因果性によれば，欲望の結果として現れる行為や思考は，その原因である力としての本質を表現していると考えることができる。パーソナリティ心理学は内的な力動に関心をはらってきたが，環境の影響を受けてそこに反応しながらも，自らが変化していくという力動をどれだけ捉えてきただろうか。行為や思考といった結果によって原因を説明するようなパーソナリティの特徴（Caspi et al., 2014）を検討していくために，中動態の世界に身をおき，その中で個人の感情と意志を考察していく必要がある。パーソナリティ研究の新しい研究領域だと言えよう。

参考文献

Ainsworth, M. D. S., Blehar, M. C., Waters, E., & Wall, S. (1978). *Patterns of attachment: A psychological study of the strange situation.* Hillsdale, NJ: Lawrence Erlbaum Associates.

Allport, G. W., & Odbert, H. S. (1936). Trait names: A psycho-lexical study. *Psychological Monographs, General and Applied, 47,* 171–220.

Allport, G. W. (1937). *Personality: A psychological interpretation.* Oxford, UK: Holt.（オールポート，G. W.　詫摩 武俊・青木 考悦・近藤 由紀子・堀 正（訳）（1982）．パーソナリティ：心理学的解釈　新曜社）

Caspi, A., Houts, R. M., Belsky, D. W., Goldman-Mellor, S. J., Harrington, H., Israel, S., Merier, M. M., Ramrakha, S. Shalev, I. Poulton, R., & Moffitt, T. E. (2014). The p factor: One general psychopathology factor in the structure of psychiatric disorders? *Clinical Psychological Science, 2,* 119–137.

Cattell, R. B. (1950). *Personality: A systematic theoretical and factual study.* New York: McGraw-Hill.

土居 健郎（1988）．精神分析　講談社

榎本 博明・安藤 寿康・堀毛 一也（2009）．パーソナリティ心理学：人間科学，自然科学，社会科学のクロスロード　有斐閣

Eysenck, H. J. (1967). *The biological bases of personality.* Springfield, IL: Thomas.（アイゼンク，H. J.　梅津 耕作・祐宗 省三他（訳）（1973）．人格の構造　岩崎学術出版社）

Fonagy, P., & Allison, E. (2014). The role of mentalizing and epistemic trust in the therapeutic relationship. *Psychotherapy, 51,* 372–380.

Freud, S. (1949). *An outline of psychoanalysis.* New York: W. W. Norton.

Gay, P. (1988). *Freud: A life for our time.* New York: W. W. Norton.（ゲイ，P.　鈴木 昌（訳）（2004）．フロイト2　みすず書房）

Goldberg, L. R. (1981). Language and individual differences: The search for universals in personality lexicons. In L. Wheeler (Ed.), *Review of personality and social psychology: Vol. 2* (pp. 141–165). Beverly Hills, CA: Sage.

林 もも子（2010）．思春期とアタッチメント　みすず書房

今田 恵（1962）．心理学史　岩波書店

Jung. C. G. (1921). *Psychologische Typen.* Zürich, FRG: Rascher.（ユング，C. G.　林 道義（訳）（1999）．元型論　紀伊國屋書店）

Kenrich, D. T., & Funder, D. C. (1988). Profiting from controversy: Lessons from the person-situation debate. *American Psychologist, 43,* 22–34.

國分功一郎 (2017). 中動態の世界：意志と責任の考古学　医学書院

Main, M., & Solomon, J. (1986). Discovery of a new, insecure-disorganized/disoriented attachment pattern. In M. Yogman & T. B. Brazelton (Eds.), *Affective development in infancy* (pp. 95–124). Norwood, NJ: Ablex.

Mischel, W. (1968). *Personality and assessment.* Hoboken, NJ: John Wiley & Sons.（ミッシェル，W. 詫摩 武俊（監訳）(1992). パーソナリティの理論：状況主義的アプローチ　誠信書房）

無藤 隆・森 敏昭・遠藤 由美・玉瀬 耕治 (2004). 心理学　有斐閣

小塩 真司 (2010). はじめて学ぶパーソナリティ心理学：個性をめぐる冒険　ミネルヴァ書房

サトウ タツヤ (2006). 類型論　青柳 肇・安藤 寿康・伊藤 美奈子・伊藤 裕子・遠藤 由美・大平 英樹・サトウ タツヤ・杉浦 義典・二宮 克美・子安 増生 (2006). パーソナリティ心理学 (pp. 70-73)　新曜社

Sheldon, W. H., & Stevens, S. S. (1942). *Varieties of human temperament: A psychology of constitutional differences.* New York: Harper & Brothers.

鈴木 公啓（編）(2012). パーソナリティ心理学概説：性格理解への扉　ナカニシヤ出版

詫摩 武俊・瀧本 孝雄・鈴木 乙史・松井 豊 (2003). 性格心理学への招待（改訂版）――自分を知り他者を理解するために　サイエンス社.

Ψ Chapter 11
社会的状況と対人行動の心理

磯崎三喜年

1 他者存在と人間行動

　他者の存在が個人の行動に及ぼす影響は，心理学的に重要な問題である。他者の存在は，多くの場合，個人の覚醒水準や意識水準を高める形で作用する。結果として，人は，1人のときとはその覚醒水準の強さや意識水準の内容において，異なった行動をとる可能性がある。ここでは，まず，単に他者が存在するという状況がもつ意味について考えてみたい。この問題は，社会心理学の基本的問題であり，1897年のトリプレット（N. Triplett）の研究をはじめとして，多くの研究が行われてきている。

[1] 社会的促進

1）社会的促進の動因理論　　他者がいると，1人のときより仕事がはかどることがある。

1人で走るよりも，他者と一緒に走った方が，あるいは誰かが見ている方が，早く走れることが多い。このように，他者が存在することによって，個人の行動が促進される現象を社会的促進（social facilitation）と言う（Allport, F. H., 1920）。他者の存在は，行動を活性化させるという動機づけ的機能をもっている。

　しかし，他者の存在は，必ずしも促進的に作用するわけではなく，質的な側面では，妨害的に作用することもある。そこで，ザイアンス（Zajonc, 1965）は，それまでの研究をまとめ，作業の促進妨害を規定する要因を指摘し，社会的促進の動因理論を提唱した。彼によれば，単純な掛け算，言語連想課題などでは，他者の存在によって成績が上昇しているのに対し，無意味綴りの学習（Pessin, 1933）では，観察者による妨害効果が見られたと言う。注目すべき点は，ペッシンの実験参加者は，学習がいったん成立すると，逆に観察者がいた方が，1人の場合よりも成績が良くなったのである。

　つまり，掛け算や語連想など，すでに十分学習が成立していると，正反応が生起しやすく，他者の存在によって行動への力（動因）が高まって，その相乗効果として促進が起こる。しかし，学習が成立していないと，誤反応が生起しやすいため，他者存在による動因の高まりは，誤反応と相乗効果を起こし，妨害が起こることになる。これが，ザイアンスによる社会的促進の動因理論である（図11-1）。

　この理論によれば，学習当初は，誤反応が出やすいため妨害が起こるものの，次第に正反応が出てくるようになり，やがて，正反応が出やすい段階に達すると，促進が生起するようになると考えられる。図11-2は，このプロセスを示した実験結果である。

　つまり，長期的な視点で見ると，他者の存在は，いずれ促進的な作用に転じることが示唆される。他者存在の重要な意味がここにある。

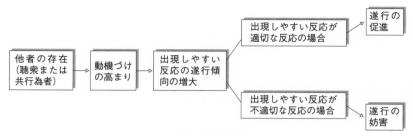

図 11-1. ザイアンスの社会的促進理論 (Baron & Byrne, 1979)。

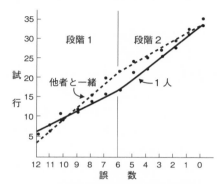

図 11-2. 複雑迷路における所与の誤数に到達
するまでに要する平均試行数
(Hunt & Hillery, 1973)。

　また，宮本（1993）は，大学の弓道部員を対象に，通常の的を射る場面で研究を行った。ここでは，練習記録のデータをもとに上級者 7 名，中級者 13 名，初級者 6 名に分けられた。単独条件は，道場に誰もいない条件，観察条件は，実験参加者とは初対面の実験者が近くの椅子に座って観察している条件である。その結果，上級者は観察者のいる条件で成績が上昇したのに対し，中級者は観察者がいると成績が悪くなっていた。

　2）社会的促進と評価への懸念　　動因理論は，他者の存在が，即動因を高める（単なる他者の存在）と考えるのに対し，他者から評価されることが，個人の動機づけを高め，結果として促進や妨害が生起するというのが，評価への懸念による社会的促進の説明である（Cottrell, 1972）。これは，個人の認知的視点を取り込んだ説明である。

　確かに，どういった他者がいるかによって，結果が異なることもある。さまざまな結果を見ると，単なる他者の存在と評価への懸念は矛盾する考えではなく，促進・妨害の生起度合いを強めるか否かの違いを示しているようである。

[2] 社会的手抜き

　綱引きなどのように，結果が個人としてではなく，集団全体として出る場合，他者の存在はどのような効果をもつだろうか。この場合，居合わせた他者が多いほど，1 人あたりの成果は落ちることが知られている。これを社会的手抜き（social loafing）と言う。

　綱引きの場合，綱を引く人数が多くなるほど，集団全体の力は強くなるが，逆に 1 人あたりの引く力は，減少してしまう。これは，こうした実験を行った人物の名前から，リンゲルマン効果として知られている。ただし，リンゲルマン効果には，個々人の努力の総和が，そのまま加算されずに無駄が生じる可能性がある。たとえば，全体としてタイミングがずれると，個々人の最大の力が，そのまま全体の力に反映されるとは限らない。こうした無駄を取り除くには，疑似集団（他者が綱を引いていると思い込んで，実は 1 人で綱を引く）状況で実験を行う必要

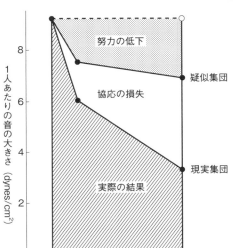

図 11-3.　現実集団と疑似集団の音圧差
(Latané, Williams & Harkins, 1979)。

がある。その結果，やはり，居合わせた他者が多くなると，1人あたりの力は低下することが分かった（Ingham et al., 1974）。つまり，タイミングのズレに帰すことのできない，個々人の努力量の低下が生じることが分かった。ラタネら（Latané et al., 1979）は，同様な実験を，声を出す，拍手をするといった行動で検証し，これを社会的手抜きと名づけた（図 11-3 参照）。

[3] 集団極性化

　意見を共有するもの同士で，意見交換したり，議論したりすることによって，個人がもともともっていた意見や態度が集団全体として強まることがある。これを集団極性化（group polarization）と言う。政党は同じ主義主張をもっているもの同士が集まって，その主張を強め合っている。また，病気で苦しむ人や事故の被害者，さらには禁煙志願者などは，そうした思いを共有する人と一緒にいることによって，自らの状況の改善や励ましを得ることができる。

　他者の意見を聞いているだけでも，基本的な意見の方向性が共通していれば，意見が強まり，極性化が生起する（Myers, 1978）。他者と意見を共有していることは，安心感をもたらし，正当性を感じやすい。そして，互いに支持し合うなか，これまでの考えが補強されることになる。

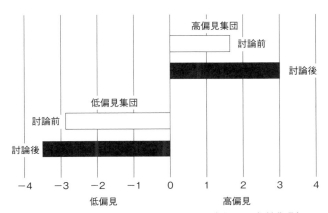

図 11-4.　高偏見集団と低偏見集団における討論による極性化現象
(Myeres & Bishop, 1970)。

こうした情報的な影響がその一因である。また，他者の意見を知ることによって，集団内で，より典型的な意見を探り，そうした集団内の規範を自らが積極的に取り込んだ結果として，集団全体として意見が極性化することも考えられる。これが，自己カテゴリー化理論（Turner, 1987）による説明である。

　大学生に模擬裁判事例を用いて，集団で討論させた結果，討論前における個々人の有罪評定の平均値が，集団討論後により強まることが示されている（Isozaki, 1984）。また，集団の偏見も，偏見を共有する者同士で討論すると，より強まってしまうが，偏見をもたない者同士だと，その度合いはさらに弱まるのである（図 11-4 参照; Myers & Bishop, 1970）。

2　対人行動の諸側面

[1]　援助行動

　他者を助ける行動を広く援助行動と呼ぶ。一般に，われわれの社会では，困っている人を見たら援助するという社会的責任の規範がある。援助を行うことによって，賞賛を得，自己を肯定的に捉えることもできる。逆に，援助が可能な状況で，援助をしなければ，罪の意識を感じることになる。あるいは他者から非難を受けるかもしれない。これは，規範の強さが関係してくる。関係の濃密な社会や地域，地方の町や村で，こうした規範は強く作用しやすい。これに対し，都市部や互いの関わりの程度が低い社会，見知らぬ大勢の人の中で生活する状況では，社会的責任の規範が作用しにくくなる。それはなぜだろうか。互恵性（reciprocity）意識の高さが，援助行動と関わっているように思われる。

1）援助行動における傍観者効果　　自分以外に援助可能と思われる他者が存在することによって，援助行動が抑制されることを傍観者効果（bystander effect）と言う（図 11-5 参照）。

　傍観者効果は，責任の分散と事態の過小評価がその主な要因とされる。居合わせた他者が何ら介入行動を取らない場合，人は，その事態が援助を必要としない，それほど深刻な事態ではないと判断してしまう（事態の過小評価）。また，他者の存在は，あえて自分が介入しなくても，誰か他の人がやってくれるし，自分だけが責任を負うことはないと考えてしまう（責任の分散）。責任の分散は，意識的なものとは限らない。他者の中に埋没すると，個別性の意識が薄れ，無意識のうちに責任性の意識を低下させてしまう恐れもある。

　傍観者効果は，社会的手抜きの心理と共通した側面がある。居合わせた他者は，個別性，責任性の意識を低下させ，他者に依存する傾向を生み出すのである。

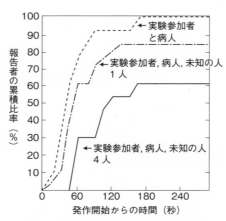

図 11-5.　各条件における報告者の累積比率
（Latané & Darley, 1970）。

　このほか，居合わせた他者の行動（ここでは非介入）が，自分自身の行動指針となり，自ら
も介入しないという社会的影響や，へたに介入して何か恥ずかしい思いを他者の前でしたくな
いという観察者存在による行動抑制効果なども関係している。

　2）援助を要請する　　援助が必要となる場合でも，人は，ときとして頼むのをためらいが
ちである。それにはさまざま理由が考えられる。相手に嫌がられる，断られる，などがそれで
ある。それには，人を助けることがもたらす効果を，われわれが過小評価していることが関連
している（Grant, 2018）。グラント（Grant, 2018）によれば，人を助けることは気分を高め，人生
の満足度も上がる。つまり，助けを求めるときに，過度に心配せず，適切な方法をとれば，頼
まれた側にとっても，ポジティブな感情を抱く機会となることを心にとどめておく必要がある。

［2］人間行動の理解とバイアス

　ハイダー（Heider, 1958）は，人間行動の背後にある要因を考察し，行動の原因を，人の要
因と環境の要因の双方から説明しようとする帰属理論を提唱した。一般に，人は，自己や他者
の行動の原因を推測し，行動のもつ意味を理解しようとする。こうした原因の帰属を行うに際
して生じるバイアスの検討も行われている。

　たとえば，ナポリタンとゴーサル（Napolitan & Goethals, 1979）の実験を見てみる。ある人
が実験参加者に，友好的な態度，もしくは非友好的な態度を取ったとしよう。このとき，参加
者は，相手の取った態度に応じて，その人物を友好的，非友好的な人と判断することになる。
しかし，あらかじめ，その人は，友好的または非友好的な態度を取るよう実験者から要請され
ていると知らされているとどうだろうか。

　実は，参加者は，そのように知らされた場合でも，そうした情報を無視した判断をし，自分
に友好的な態度を取った人は友好的であり，そうでない態度を取った人は非友好的と判断する
傾向が見られた。このように，人は，その人の取った行動から，その人柄や個人的特性を過大
に推測しがちであり，そのときの状況要因の影響を過小に見積もる傾向がある。これを基本的
帰属錯誤（fundamental attribution error）と言う。

［3］社会的影響過程

　1）同　調　　人は，自らの意見や考えの妥当性を，他者の考えや意見を参照しつつ判断し
ている。多くの場合，周囲の他者と意見が一致していれば，そうした意見の主観的妥当性は高
くなる。逆に，他者とあまりに意見や考えが隔たっている場合，居心地の悪さを感じ，意見を
修正する，あるいは他者の意見を変えようと試みることもある。このように，周囲の他者との
意見の一致によって，主観的な妥当性が高まることをフェスティンガー（Festinger, 1950）は，
社会的リアリティと呼んでいる。

　社会的リアリティに欠ける状況では，不安定な状態に陥りがちとなり，周囲の多くの他者に
意見を合わせることがある。こうした多数者の側に意見を合わせたり，近づけたりすることを
同調（conformity）と言う。安心感や主観的妥当性を求める心理，さらには他者からの拒絶を
回避しようとする心理が，同調を引き起こすと考えられる。

　アッシュ（Asch, 1951）の古典的実験（3本の線分のうち，いずれの線分が，その隣にある
1本の線分と同じ長さかを答えさせる）やミルグラム（Milgram, 1961）による同調と国民性
の実験（音の長さを比較させる）など興味深い研究が数多く行われている。アッシュによれば，
同調圧力は，他者が4人全員一致のとき最大になると言う。しかし，全員一致が崩れ，1人で
も味方がいると同調圧力はかなり低下する。また，ミルグラムによれば，フランス人とノル
ウェー人では，一貫してフランス人の方が同調の程度が低く，多様な意見が存在するフランス
と凝集性が高く同一性感情が強いノルウェーという国柄の違いが反映した可能性がある。

　アッシュ型の実験を日本で行ったフレイジャー（Frazer, 1968）の研究によると，日本人大学生では，アッシュと同程度かむしろ低い同調しか見られなかったと言う。この結果については，グループ内での行動とグループ外での行動を日本人が区別しがちなことが関連しているのではないかとする意見もある。

　2）少数者の影響　　一貫した少数者の態度が，ときに多数者の側に影響を与え，少数者の意見へと多数者が意見を変えることがある。これを少数者の影響（minority influence）と言う。モスコビッシら（Moscovici et al., 1969）は，少数者の一貫性が多数者の側に心理的葛藤をもたらし，多数者の行動を変化させることを実証した。ここでは，6人集団で実験が行われ，4人のナイーブな実験参加者と2人の実験協力者（サクラ）からなっていた。実験協力者は，呈示された青色のスライドに対し，つねに「緑」と答えた。少数者のいない統制群では，「緑」と答えた実験参加者の反応生起率は，0.25％であった。少数者がいた条件では，これが8.42％にのぼった。

　少数者の一貫した態度が多数者の側に変化をもたらすこと，そして，少数者の影響は，比較的内面化がなされやすいことが指摘されている。革新の過程を考察するうえでも少数者の影響は重要となる。

　3）少数者と多数者への立場変化が，個人の認知や感情に及ぼす影響　　プリズリンら（Prislin et al., 2000）は，少数者だった人が多数者になり，多数者が少数者になることの心理的効果を検討している。少数者から多数者の側に立場が変わることは，利得や報酬の意味合いをもつことになり，集団に対する魅力が高まると言う。逆に，多数者側だった人が，少数者になることは，損失を意味し，自己や集団に対する認知が否定的なものになると言う。

　ここには，少数者であることは不安定で正しさに欠けるとの意識が人々に共有されており，多数者側に立つことが正義や安定を意味するとの基本的な前提がある。これは，フェスティンガーの社会的リアリティの概念と共通した側面がある。ただし，利得と損失の程度は，対照的なものではなく，損失感の方が大きいとの指摘もある（Aronson & Linder, 1965 の対人魅力の研究参照）。実際，プリズリンら（2000）は，プロスペクト理論（Kahneman & Tversky, 1979）に基づき，多数派になることによる獲得効果よりも少数者になることによる損失効果の方が大きいとする獲得—損失非対称モデルを提出し，それを支持する結果を得ている。

　4）集団特性と少数者・多数者の心理　　その後のプリズリンらの一連の研究では，損失効果は見られるが，獲得効果は必ずしも明確ではない。ここには，自己の属する集団が，どれだけ自己にとって重要な集団として認知されていたかが関わっている。自己にとって重要な，いわゆる集団としての感覚が強いほど，個人に与えるインパクトは大きい。佐野（2011）は，こうした集団としての感覚を集団実体性の観点から捉え，集団実体性が高いほど，立場変化による獲得効果および損失効果が見られることを明らかにしている。集団実体性が低いときは，その効果は明確ではなかった。これは，立場変化が個人に及ぼす影響を見るには，個人の置かれた状況や集団の性質を十分考慮する必要があることを示している。

　さらには，現実には，希少価値という言葉に示されるように，少数者であることが価値をもつ場合もある。たとえば，より好ましいとされる側面で異なっていること（少数者であること）は，必ずしも否定的なものとはならない。いずれにせよ，こうした状況的要因を明確にしておく必要がある。

　5）服従の心理　　権威ある人物の要請や命令に従う行動を服従（obedience.）と言う。ミルグラム（1965）は，権威への服従について検討し，実験という名目で他者に電気ショックを与えるよう要請された人が，しだいに他者の生命に関わるほど強いレベルのショックを与えることを明らかにしている。この実験に参加した人は，一般市民であり，状況の力がいかに人の行動に大きく作用するかを示している。

　人は，一定の役割を果たすなかで，そうした役割を自分のなかで受け入れ，ときにそれを内面化する可能性がある。そこには代理人の感覚もあるし，命令や要請に従っただけという場合もある。いずれにせよ，実際に要請を受け入れ役割に即した行動を取っているうちに，次第に，そうした要請や役割に即した態度を身につけ，より強めていくことがあり，結果として，自らの行動を正当化してしまうのである。

［4］説得の試み

1）フット・イン・ザ・ドア技法　「乗りかかった船」という言葉があるように，人は，いったん関わりをもつと，次のステップに入って行きやすい。説得においても，手順を踏んで行う方が効果的となる（Freedman & Fraser, 1966）。そこで，まず相手が受け入れやすい小さな要請をし，その要請をいったん受け入れてもらう。その後，一定の時間をおいて本来の要請をすると，いきなり本来の要請を行った場合に比べ，功を奏する確率が高くなる。このように，まず小さな要請をし，それを受け入れてもらってから本来の要請をする説得法をフット・イン・ザ・ドア技法（段階的説得法）と言う。これは，本来の要請を断れば，小要請を受け入れた自己の行為を否定することになりかねない。そこで，本要請を受け入れ，自己の良さを感じ取ろうとするのである。不協和を感じないですむことになる。

2）ドア・イン・ザ・フェイス技法　段階的説得法とは逆に，最初にあえて相手が受け入れがたい大きな要請をし，それを拒否させたうえで，相対的により小さい本来の要請をして相手に同意を求める説得技法（Cialdini et al., 1975）を，ドア・イン・ザ・フェイス技法（譲歩的説得法）と言う。この技法は，説得者が譲歩をすることによって，説得相手の譲歩を引き出そうとするもので，互恵性の心理が関わっている。被説得者も，いつまでも説得を拒否して，印象を悪くするよりも，相手の譲歩に応えた方が，自己の良さを感じることができることになる。したがって，説得者は，相手の拒否に合わせ，すぐさま譲歩をしておくことが必要になる。

3）態度と行動　態度と行動は密接な関わりがある。しかし，必ずしもその人の態度や意見がそのまま行動に結びつくとは限らない。そこにはさまざまな状況要因が関わるからである。尊敬する他者からの依頼や強い外的圧力がある場合，人は，ときとして自分の意に沿わない行動を取ることもある。

　役割行動はその一例である。ある役割を果たすことによって，次第にその役割に合致した態度を身につけていくことになる。また，ある行動を取ることによって，その行動に即した態度を身につけることもある。最初は意に沿わないことがらでも，いったん行動すると，次第にそれを受容していき，自分の意見や信念を自らの行動と一致したものにしていくのである。これは，行動の正当化でもあり，行動と認知や信念との整合性を図ろうとする不協和解消（Festinger, 1957）の心理として説明できる。

参考文献

Allport, F. H. (1920). The influence of the group upon association and thought. *Journal of Experimental Psychology, 3*, 159–182.

Aronson, E., & Linder, D. (1965). Gain and loss of esteem as determinants of interpersonal attractiveness. *Journal of Experimental and Social Psychology, 1*, 156–171.

Asch, S. E. (1951). Effects of group pressure upon the modification and distortion of judgments. In H. Guetzkow (Ed.), *Groups leadership, and men*. Pittsburgh, PA: Carnegie Press.

Baron, R. A., & Byrne, D. (1979). Exploring social psychology. Boston, MA: Allyn and Bacon.

Cartwright, D., & Zander, A. (1960). Group dynamics: Research and theory (2nd ed.). Evanston, IL: Harper & Row.（カートライト, D.・ザンダー, A.　三隅 二不二・佐々木 薫（訳編）(1969).　グループ・ダイナミックスⅠ（第2版）　誠信書房）

Cialdini, R. B., Vincent, J. E., Lewis, S. K., Catalan, L. J., Wheeler, D., & Darby, B. L. (1975). Reciprocal concessions procedure for inducing compliance: The door in the face technique. *Journal of Personality and Social Psychology, 31*, 206–215.

Cottrell, N. B. (1972). Social facilitation In C. G. McClintock (Ed.), *Experimental social psychology* (pp. 185–236). New York: Holt, Rinehart and Winston.

Festinger, L. (1950). Informal social communication. *Psychological Review, 57*, 271–282.

Festinger, L. (1957). A theory of cognitive dissonance. Stanford, CA: Stanford University Press. (フェスティンガー, L. 末永 俊郎 (監訳) (1965). 認知的不協和の理論 誠信書房)

フレイジャー, R. (1968). 日本社会心理学会 (編) 伝統主義とコンフォーミティー 社会不安の社会心理学 年報社会心理学, 第9号, 229–239. 勁草書房

Freedman, J. L., & Fraser, S. C. (1966). Compliance without pressure: The foot in the door technique. *Journal of Personality and Social Psychology, 4*, 195–202.

Grant, H. (2018). *Reinforcements: How to get people to help you. Boston, MA: Harvard Business School Publishing.* (グラント, H. 児島 修 (訳) (2019). 人に頼む技術 徳間書店)

Heider, F. (1958). The psychology of interpersonal relations. New York: John Wiley & Sons. (ハイダー, F. 大橋 正夫 (訳) (1978). 対人関係の心理学 誠信書房)

Hunt, P. J., & Hillery, J. M. (1973). Social facilitation in a coaction setting: An examination of the effects over learning trials. *Journal of Experimental Social Psychology, 9*, 563–571.

Ingham, A. G., Levinger, G., Graves, J., & Peckham, V. (1974). The Ringelmann effect: Studies of group size and group performance. *Journal of Experimental Social Psychology, 10*, 371–384.

Isozaki, M. (1984). The effect of discussion on polarization of judgments. *Japanese Psychological Research, 26*, 187–193.

Kahneman, D., & Tversky, A. (1979). Prospect theory: An analysis of decision under risk. *Econometrica, 47*, 263–291.

Latané, B., & Darley, J. M. (1970). *The unresponsive bystander: Why doesn't he help?* Englewood Cliffs, NJ: Prentice-Hall.

Latané, B., Williams, K., & Harkins, S. (1979). Many hands make light the work: The causes and consequences of social loafing. *Journal of Personality and Social Psychology, 37*, 822–832.

Milgram, S. (1961). Nationality and conformity. *Scientific American, 205*, 45–51.

Milgram, S. (1965). Some conditions of obedience and disobedience to authority. *Humam Relations, 18*, 57–76.

宮本 正一 (1993). 人前での心理学 ナカニシヤ出版

Moscovici, S., Lage, E., & Naffrechoux, M. (1969). Influence of a consistent minority on the responses of a majority in a color perception task. *Sociometry, 32*, 365–380.

Myers, D. G. (1978). Polarizing effects of social comparison. *Journal of Experimental Social Psychology, 14*, 554–563.

Myers, D. G. (2007). *Exploring psychology* (7th ed.). New York: Worth.

Myers, D. G., & Bishop, G. D. (1970). Discussion effects on racial attitudes. *Science, 169*, 778–779.

Napolitan, D. A., & Goethals, G. R. (1979). The attribution of friendliness. *Journal of Experimental Social Psychology, 15*, 105–113.

Pessin, J. (1933). The comparative effects of social and mechanical stimulation on memorizing. *American Journal of Psychology, 45*, 263–270.

Prislin, R., Limbert, W. M., & Bauer, E. (2000). From majority to minority and vice versa: The asymmetrical effects of losing and gaining majority position within a group. *Journal of Personality and Social Psychology, 79*, 385–397.

齋藤 勇 (編) (1987). 対人社会心理学重要研究集1 社会的勢力と集団組織の心理 (pp. 60–105) 誠信書房

佐野 予理子 (2011). 集団内における多数派――少数派の立場変化にともなう獲得および損失効果

国際基督教大学教育学研究科博士論文

Turner, J. C., Hogg, M. A., Oakes, P. J., Reicher, S. D., & Wetherell, M. S. (1987). *Rediscovering the social group: A self-categorization theory*. New York: Blackwell. (ターナー, J. C. 他　蘭　千壽・磯崎 三喜年・内藤 哲雄・遠藤 由美（訳）(1995). 社会集団の再発見――自己カテゴリー化理論　誠信書房)

Zajonc, R. B. (1965). Social facilitation. *Science, 149,* 269–274.

Ψ Chapter 12

対人関係の心理

磯崎三喜年

1 対人魅力の心理

　対人魅力とは，他者に対して抱く魅力や好意などの感情的態度を指す。人は，魅力を抱いた他者を肯定的に認知・評価し，好きだと感じ，さらにそうした他者に接近し，時間を共にしようとする。対人魅力を規定する要因には，以下のようなものがある。

[1] 対人魅力の規定因

1）距離の近さ　　物理的距離が近い他者ほど，人は魅力を感じやすい。近隣に住む人，通勤や通学路が同じ，学校や会社などで席の近い人などはこれにあたる。対人関係の初期にはとくに，重要な役割を果たす。フェスティンガーら（Festinger et al., 1950）は，当初面識のなかったアパートの住人が，半年後に，互いに近くに住む人に好意を抱くことを見出している。「遠くの親戚より近くの他人」という言葉も，何かと近くにいることによる心理的メリットを表している。

2）接触の頻度　　普段から顔を合わせ接触が多い人に，人は魅力を感じやすい。ザイアンス（Zajonc, 1968）は，単純接触仮説（mere exposure hypothesis）を提唱し，人は，接触頻度が多ければ多いほど，その接触対象への好意度が増すことを明らかにした。意味をもたない単語や人の顔写真などを，実験的に提示した場合，提示回数の多い刺激ほど好ましい評定がなされていた（図 12-1 参照）。

　ここには，見慣れたものに対する親密性と好意とが密接に結びつくことが示唆される。それが，対人的な魅力にも通じるとする考え方である。通常，見慣れない刺激や人物に対して，人は十分な情報をもっていない。したがってどう対応すべきか分からず，反応の準備性に欠けている，もしくは，反応が競合している状態にある。こうした状態は，あまり快適ではない。しかし，刺激への接触が増大し，慣れが生じるにつれ，刺激の曖昧さが低下し，どういった反応をすべきかより明確になる。このとき，反応準備性が整い，中途半端な状態から次第に解放されることになる。つまり，より快適な状態へと移行することができ，結果として，接触頻度の高い対象への好意や親しみが増すと推察される（単純接触仮説の反応競合説）。

　単純接触仮説を人間の顔を刺激として用いた実験がある（Mita et al., 1977）。人は，自分自身の顔を直接見ることはできない。多くの場合，鏡に映った顔か，写真で撮った顔のいずれかである。しかし，これらは，相互に左右が反転しており，同じものではない。人は，通常鏡に映った顔をよく見ているが，周囲の他者は，写真の顔を見ている。単純接触仮説によれば，人は普段見慣れている鏡に映った自分の顔に親しみを感じるが，他者は，普段当該人物の写真の顔を見ている。したがって，当人は，鏡の顔をより好み，周囲の他者は，写真の顔をより好む

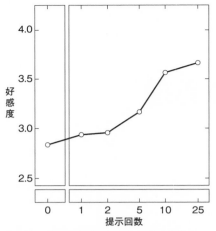

図 12-1.　接触の頻度と好意度との関係（Zajonc, 1968）。

と予想される。結果は，予測どおり，当人は 33 人中 21 人が鏡に映った顔を好んだのに対し，周囲の他者は，33 人中 20 人が写真の顔をより好んでいた。

　単純接触効果は，さまざまな研究で確認されている（宮本・太田，2008）。商品の選択などにおけるコマーシャルが有効であるゆえんである。山田・外山（2010）は，商品のロゴを繰り返し見せ，提示頻度の高いロゴの商品ほど選択されたこと，また，併せてロゴだけを提示した条件とロゴに商品の効能を示すメッセージを付加した条件とで，提示頻度の効果を見ると，メッセージを付加した条件でこの傾向が強まることを明らかにした。メッセージそれ自体も，提示回数の多い商品に添えられたとき，より肯定的な評価がなされていた。つまり，提示回数の多い商品に付加されたメッセージがその商品を選ぶ肯定的な理由として機能した可能性がある。

　ただし，接触することが，つねに好意度を上げるとは限らない。最初に刺激に接触した際，明らかに嫌いな感情が生起した場合，その後接触の頻度が増すにつれて，その嫌悪感は，いっそう高まることも報告されている（Witvliet & Scott, 2007）。この実験では，聴覚的な刺激が用いられた。参加者は，最初に刺激を聞いて好ましく感じた場合には，繰り返し刺激に接触した結果，その好意度は高まった。しかし，最初に嫌いと感じた場合には，接触すればするほど，嫌悪の度合いが高まった。つまり，ここでは単純接触効果ではなく，もともともっていた傾向が強められるという極性化（第 11 章参照）が生起したと言える。

　3）身体的魅力　容貌や外見の良さなどによって，好意を抱く傾向が指摘されている（Walster et al., 1966）。とくに，対人関係の比較的初期の段階では，身体的魅力が作用しやすい。また，身体的魅力の高い人と恋人やパートナーであることによって，他者からの評価が肯定的なものとなりがちである。これは一種のハロー効果と考えられる。ただし，身体的な魅力がアンバランスなカップルは，対人関係が進むと，長続きしないとの指摘もある。ここには相手とのバランスを重視する釣り合い仮説や次に述べる類似性の考え方も関連している。

　4）類似性　ものの見方や考え方，意見や態度が類似している他者には，好意を抱きやすい。「類は友を呼ぶ」と言われるように，類似した他者とは，互いに意気投合しやすく，行動を共にすることも容易である。また，そうした他者は，自己を支持してくれる存在でもある。不確かさを抱えながら生きている人間にとって，不確かさを和らげてくれる類似した他者には魅力を感じやすい。

　ニューカム（Newcomb, 1961）は，大学近くの寮に住む互いに面識のない大学生に対し，あ

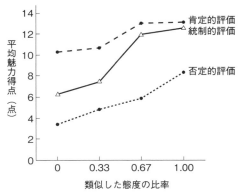

図 12-2.　態度の類似性と他者からの評価が魅力に及
ぼす効果（Byrne & Rhamey, 1965）。

らかじめ態度と価値観を測定しておき，その後の交友関係の変化を検討した。その結果，初期
の段階では，部屋の近さが魅力と関係していたが，次第に類似した態度をもつもの同士が親密
になっていくことが明らかとなった。

　また，バーン（Byrne, 1961）は，ある人物の態度を参加者に提示し，参加者と態度の類似
した人物ほどより好かれることを明らかにしている。さらに，類似性は，好意だけでなく，援
助を引き出しやすいこと，要請を受け入れてもらいやすいことなども指摘されている
（Cialdini, 2001）。

　5）他者の好意的反応　　他者から好意的な評価を受けることによって，他者に好意を抱く
ことがある。他者からの好意や尊敬は，社会的にも価値があり，自己の存在感を支えるうえで
重要なものとなる。他者からの好意には好意で応えようとする好意の互恵性（reciprocity of
liking）の心理も作用している。

　態度の類似性と好意的な評価を結びつけた研究もなされている（Byrne & Rhamey, 1965）。
ここでは，未知の人物の回答として，参加者との態度の類似度が操作され，参加者への評価も
肯定的，否定的，中間的の３つに分かれていた。結果は，図 12-2 のように，参加者に肯定的
な評価を与えた態度の類似した他者が最も好まれ，否定的な評価を与えた態度の類似していな
い他者が最も好まれていなかった。態度の類似性と好意的な評価の双方が，対人魅力に重要で
あることが分かる。

［2］親密さの表現と非言語的コミュニケーション

　1）個人空間　　人は他者との間で，適度な距離を保ち，状況に合わせ一定の広がりをもっ
た持ち運び可能な空間の中で，相互に円滑な相互作用を営んでいる。これを個人空間（per-
sonal space）と言い，前方に大きく，側方に中程度，そして後方に小さいいびつな形をしてい
る（個人空間の異方性）。個人空間内に理由もなく，第三者が入ってくると侵害された感じを
受ける。混み合った車内やエレベータ内では，個人空間を十分保つことができないため，相互
に顔を会わせないように一定の方向（車内の窓側やエレベータの表示階など）を向き，緊張感
を高めないよう暗黙の調整がなされることが多い。

　2）共有された空間　　では，通りで２者が立ち話や，連れだって歩いている場合には，ど
のようなことが起こるだろうか。第３者がこの間を通り抜けるのは，可能だろうか。ノールズ
（Knowles, 1972）は，連れ立っている２者が男同士，女同士，男女ペアのそれぞれについて，
第３者がその間を通り抜ける際の行動変化を観察した。結果は表 12-1 のとおりである。男同
士は，容易に第３者を通すが，女同士は，２者の空間への侵入を防ぐ傾向が見られる。男女の

表 12-1.　侵入者に対する 2 人の反応（Knowles, 1972）

ペアの種類	一緒に動く	分かれて動く
男一男	9	15
女一女	15	9
男一女	20	4
合　計	44 組	28 組

ペアは，さらにこの傾向が強く，2 者の共有された空間に対する他者の侵入を極度に嫌うことが分かる。これは，2 者の親しさやつながりを維持しようとする度合いが男女のペアで最も強いことを示唆している。

3）対人距離　　距離の近さは，親密さと関連がある。小学校などでは，近くに座ったクラスメートと親しくなりやすい。しかし，近くにいることが，逆に脅威となることもある。ある程度親しい他者であれば，近さは，より親密さをもたらすが，未知の他者の場合，近さは否定的な感情をもたらしがちとなる。電車内で見知らぬ他者と接近せざるをえないときは，不快さが増すことになる。

4）視　線　　視線は，好意を示す手がかりになると同時に，相手を非難する際の手段として用いられることもある。相手との距離と視線を組み合わせて，好意や親密さを伝えることもある。こうした距離や視線，その他，顔の表情，体の傾き，姿勢など言葉を用いずに，感情や意図を伝達することを非言語的コミュニケーションと呼んでいる。アーガイルとクック（Argyle & Cook, 1976）は，2 者間の会話場面で，相手との距離が遠くなると，相手に向ける視線の時間が長くなるとの実験結果から，親密性均衡モデルを提唱している。これは，距離が長くなることによる親密さの低下を，視線の量を増やすことによって親密さを補おうとした結果と考えたのである。こうした相補的な関係は，視線と対人距離だけでなく，他の非言語的コミュニケーション行動についても当てはまることが報告されている。

ただし，研究によっては，相補的な変化ばかりでなく，相関的な変化が見られることもある。こうした相補的な変化と相関的な変化を統合して説明しようとしたのが，パターソン（Patterson, 1976）の覚醒モデルである。このモデルでは，相手の変化について，過去の経験や状況から肯定的な情動が生起すると相互的なコミュニケーション（相関的変化）が，否定的な情動が生起すると相補的なコミュニケーション（相補的変化）がもたらされると言う（大坊, 1998）。

[3]　恋愛の心理

1）好意と恋愛　　恋愛（romantic love）と好意（liking）を区別することは，そう容易ではない。好意が他者に対する持続的で親密な肯定的感情であるのに対し，恋愛は，性的に魅力を感じる他者に対する強烈で独占的な肯定的感情である。恋愛は，感情の高ぶりを特徴とし，時間の経過とともに次第に弱まる傾向がある。

恋愛は，恋愛関係にある 2 者を高揚させ，動機づけを高める作用がある。それが，思わぬ力となって，優れたパフォーマンスを生み出すこともある。これは，対人関係の喪失やそれに伴う失意が，抑うつや不安，孤独感を生み出し，意欲を低下させるのと対照的である。

2）ロミオとジュリエット効果　　ドリスコルら（Driscoll et al., 1972）によれば，恋愛関係にある 2 者は，親からの反対や干渉があるなど，恋愛に障害がある方が，相互の恋愛感情が強まることを見出し，これをロミオとジュリエット効果（表 12-2 参照）と呼んでいる。感情的な高ぶりをともないながら相手と接することによって，相手に対する魅力度が増す可能性がある。これは，感情的な高ぶりが相手の魅力に置き換わるという帰属錯誤による説明もなされて

表 12-2.　親からの干渉の変化と愛情および恋愛感情の変化との相関
（Driscoll, Davis, & Lipetz, 1972）

標　本	人　数	愛　情	恋愛感情
未婚者	20	.37*	.37*
既婚者	70	−.19	−.02

*　$p < .05$

いる。

3）アタッチメント理論と恋愛　　恋愛の成立と持続に関しては，アタッチメント理論（Bowlby, 1969/1982）からの説明がある。人は，両親や家族などの愛情と保護を受け，対人的世界に安心して飛び込んでいくことができる。こうした親を中心とした対象者と安定した心理的絆が形成されていることをアタッチメント（愛着）と言う。アタッチメントの形成は，その後の対人関係の基礎をなすものと言える。アタッチメントが不十分で，虐待や無視などを経験した子どもは，その後の友人関係や恋愛関係に支障をきたすことがあるとされている。

　たとえば，相手を信頼しきれず，時には自ら恋愛関係を阻害する行動をとることもある。ここには２つの心理作用が考えられる。１つは，アタッチメント対象者から拒否されることへの不安（関係不安）である。恋愛の相手が自分から離れていくのではないかという不安を抱くあまり，相手から拒否されないうちに，自ら関係を絶ってしまおうとするのである。もう１つは，相手を信用しきれないため，親密になることを回避し，依存的な関係を形成できない（関係回避）のである（Brennan et al., 1998）。つまり，小さい頃に他者との絆を感じることができなかったため，関係の崩壊への怖れを抱きがちとなる。そのため，あえて先んじて関係を断ち切ることによって，自己を守ろうとする。このように，他者からの受容と承認は，自己を大切にし維持するうえで不可欠であるとともに，対人関係の形成と維持においても重要な役割を果たす。

2　対人関係と自己

[1]　社会的比較の心理

　フェスティンガー（1954）は，社会的比較過程理論において，人には自己評価への動因（内的な力）があるとしている。自分の周囲がどうなっているか，周囲の考えと自分の考えは一致しているか，そうでないのか，自分の能力は，どの程度のものなのか，など自分を知ろうとするのである。そうした自らの意見の妥当性や能力を知ることは，環境に適応していくための基本条件となる。つまり，自分は，何ができて何ができないかを知ることが大切になる。

　その貴重な情報源となるのが，自己を取り巻く他者，とくに基本的な特性の類似した他者である。人は，不確かさのなかで生活している。そうしたなかで，自己を模索し，自己の良さを感じ取れるような形で，環境への適応を図っている。その意味で，不確かさを低減してくれる，また，自己をポジティブに感じ取ることができる他者の存在は，きわめて重要となる。そうした他者は，自己にとって魅力的な他者でもある。社会的比較過程理論は，この他者のもつ意味合いを比較という視点から理論化したものである（高田，2011 参照）。

　とくに，不安に陥ったとき，その不安を解消してくれる他者の存在は魅力的なものとなる。病気のとき，同じ病気の人の存在，そしてそこから得られる情報は，より有効なものとなる。また，大学受験の際には，どの大学を志願すべきか，合格可能性はどうかが重要となる。しかし，願書を提出した後，あるいは合格後は，受験生の中での相対的な位置づけはそれほど問題にならない。その意味で，社会的比較は，決定前現象と言える。つまり，変更が困難で重要な決定をなす前にこそ，社会的比較はより意味をもつことになる（Jones & Regan, 1974，磯崎，

表 12-3.　比較情報の必要性（磯崎，1981）

		より情報を必要とする	どちらでもよい	第2のテストへすぐに移りたい
高得点フィードバック	決定前	10	4	0
	決定後	6	6	2
低得点フィードバック	決定前	8	6	0
	決定後	4	7	3
フィードバックなし	決定前	11	3	0
	決定後	5	6	3

（数値は人数）

1981）。

　表 12-3 はその結果の一例である。実験参加者は，いったん終了した課題の成績が高得点，低得点のいずれかのフィードバックを得ているか，さらにはフィードバックなしの3群に分けられていた。しかし，次の課題で，どの程度の困難度の課題に取り組むべきかの決定を迫られたとき，フィードバックのいかんにかかわらず，決定前において社会的比較情報を望んでいたのである。

[2] 自己価値と対人関係

　自己価値とは，自己に対する価値の感情であり，自己を価値あると見なす度合いを指す。ハーター（Harter, 2003）によれば，自己価値は，自己にとって重要な事柄において，どれだけ身近な他者（親や仲間）から支援や承認を得ることができるかによると言う。

　個人の自己価値あるいは自己評価は，個人内で完結しているわけではなく，自己の主体的な価値判断と，身近な他者の自己に対する評価や支援の程度によって変わってくると考えられる。自己が社会的な存在であるゆえんである。

　自己との関わりで対人関係を見ると，対人関係も，自己価値や自己評価がより肯定的なものとなるほど，成立しやすくなる。また，その関係も肯定的なものになりやすい。

[3] 対人関係の維持と展開

　対人関係の維持には，相互の理解と献身，そして譲歩が欠かせない。対人関係は，相互的な関係であり，関係する二者間で，相互に自己価値や自己評価が保たれることが必要となる。

　1）自己評価維持モデル　自己評価維持（self-evaluation maintenance: SEM）モデル（Tesser, 1984）によれば，人は自己評価を維持しようとする存在であると仮定されている。ここでの自己評価とは，人が自分自身に対して抱いている，あるいは他者が自分に対して抱いているとその個人が認知する相対的な良さの感覚である。自己評価の維持は，相反する2つの力動的過程から成り立つ。1つは，心理的に近い他者の優れた遂行（performance）によって自己評価が上がる過程であり，反映過程（reflection process）と呼ばれる。ある顕著な業績を上げた人物や著名人との結びつきを強調する BIRG（basking in the reflected glory）現象はその一例である。BIRG 現象は，とくに，自己評価が低下したときに生起しやすい。逆に，近い他者の優れた遂行によって，自己の劣位が知覚され，自己評価が下がることがある。これを比較過程（comparison process）と呼んでいる。

　2）関与度と自己評価の関わり　心理的な近さ（closeness）は，他者とさまざまな特徴を共有する度合いである。たとえば，年齢，経歴，専攻，出身地の類似性とともに近さは増大する。また，心理的な近さは，親密さと密接に関連するが，同一ではない。

　さて，反映過程と比較過程のいずれが生起するかは，その遂行領域が，どの程度自己を規定

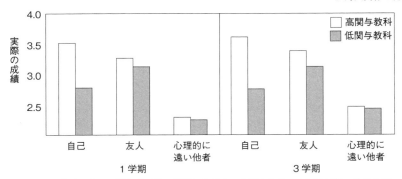

図 12-3.　自己にとって関与度が高い教科における，自己と友人，心理的に遠い他者の実際の成績（磯崎・高橋，1993）。

するかによる。こうした自己規定の度合いを関与度（relevance）と言う。関与度が低ければ，近い他者の優れた遂行は，自己を好ましいものと知覚させ，自己評価を上げる（反映過程）。しかし，関与度が高い場合，近い他者の優れた（自己を上回る）遂行は，自己を脅かし，自己評価を下げてしまう（比較過程）。自己評価を維持するには，比較過程の生起を抑え，反映過程が生起することが必要となる。つまり，人は，自己評価を維持するため，他者との心理的な近さ，自己および他者の遂行，遂行領域の自己にとっての関与度を，認知的，行動的に調整しようとする。これが，自己評価維持モデルの基本的な考え方である。図 12-3 は，このモデルを実証した研究の例を示している（磯崎・高橋，1993）。

3）拡張 SEM モデル　　夫婦など，とくに親密な他者との間では，関与度の高い領域が重複することがあり，一方の遂行が，夫（妻）に比較過程を生起させることがある。この場合，一方の自己評価維持がなされても，もう一方の自己評価は維持できず，2 者の関係は不安定なものとなりやすい。そこで，ビーチとテッサー（Beach & Tesser, 1995）は，こうした問題を避けるため，自己と心理的に近い他者が協同して物事に取り組む，あるいは遂行や関与度を調節し，2 者のいずれもが自己評価維持できる方略を取ると指摘し，これを拡張自己評価維持（extended self-evaluation maintenance: ESEM）モデルと呼んでいる。夫婦など，親密な対人関係においては，拡張 SEM モデルがより重要となる。

4）自己評価維持と対人関係の維持　　ピンカスら（Pinkus et al., 2008）は，夫婦関係における自己評価維持を検討した。すでに述べたように，同一のことがらに関与度が高い夫婦は，パートナーの遂行が高くなると自己評価維持が困難になりやすい。ピンカスらによれば，夫婦は共通運命の感覚と互いに対する共感によって，関係を維持しようとすると言う。彼らによれば，夫婦は 1 日に約 1.85 回比較を行っており，能力・知識，社会的スキル，外見の魅力などでは，上向きの比較が生起しがちであると言う。上向きの比較が起こった後，人はパートナーとの差を縮めようと努力するだけでなく，その差を縮めることができるようパートナー側も自分をサポートしようとする。

　また，パートナーに比べ，自己が劣位にあるという上向きの比較が起こった場合でも，比較領域が自己にとって関与度が低く，パートナーにとって関与度が高い場合には，パートナーとの夫婦関係は肯定的な評価がなされた。これは，自己評価維持モデルと合致している。比較領域が，自己とパートナー双方にとって関与度が高い場合でも，上向きの比較がなされた後，パートナーとの夫婦関係についてポジティブな評価がなされていた。これは，自己評価維持モデルでは説明できない。

　彼らは，その理由として，夫婦間の運命の共有と共感を挙げ，夫婦が互いの遂行の差を埋めるべく協力し合うことを指摘している。ただし，夫婦関係を肯定的に評価する一方，上向きの

比較後に，自己評価を下げてしまうという結果も示されている。その意味で，夫婦関係を維持する工夫がなされつつも，自己を肯定しきれずにいる様子もうかがえる。このように，夫婦間の比較は，複雑な効果をもたらしている。

参考文献

Argyle, M., & Cook, M. (1976). *Gaze and mutual gaze*. Cambridge, UK: Cambridge University Press.

Beach, S. R. H., & Tesser, A. (1995). Self-esteem and the extended self-evaluation maintenance model: The self in social context. In M. H. Kernis (Ed.), *Efficacy, agency, and self-esteem* (pp. 145–170). New York: Plenum Press.

Bowlby, J. (1969/1982). *Attachment and loss: Vol. 1. Attachment*. New York: Basic Books.

Brennan, K. A., Clark, C. L., & Shaver, P. R. (1998). Self-report measurement of adult attachment: An integrative overview. In J. A. Simpson & W. S. Rholes (Eds.), *Attachment theory and close relationships*. New York: Guilford Press.

Byrne, D. (1961). Interpersonal attraction and attitude similarity. *Journal of Abnormal and Social Psychology, 62*, 713–715.

Byrne, D., & Rhamey, R. (1965). Magnitude of positive and negative reinforcements as a determinant of attraction. *Journal of Personality and Social Psychology, 2*, 884–889.

Cialdini, R. B. (2001). *Influence: science and practice* (4th ed.). Needham Heights, MA: Allyn & Bacon. (チャルディーニ, R. B.　社会行動研究会 (訳) (2007). 影響力の武器：なぜ人は動かされるのか (第2版)　誠信書房)

大坊 郁夫 (1998). しぐさのコミュニケーション　サイエンス社

Driscoll, R., Davis, K. E., & Lipetz, M. E. (1972). Parental interference and romantic love: The Romeo and Juliet effect. *Journal of Personality and Social Psychology, 24*, 1–10.

Duck, S. (2007). *Human relationships* (4th ed.). Los Angeles, CA: Sage.

Festinger, L. (1954). A theory of social comparison processes. *Human Relations, 7*, 117–140.

Festinger, L., Schachter, S., & Back, K. (1950). *Social pressures in informal groups: A study of human factors in housing*. New York: Harper.

藤井 直敬 (2010). ソーシャルブレインズ入門――〈社会脳〉って何だろう　講談社

Harter, S. (2003). The development of self-representations during childhood and adolescence. In M. Leary & J. Tangney (Eds.), *Handbook of self and identity* (pp. 610–642). New York: Guilford Press.

磯崎 三喜年 (1981). 能力評価の社会的比較に関する実験的研究　実験社会心理学研究, *20*, 119–125.

磯崎 三喜年・高橋 超 (1993). 友人選択と学業成績の時系列的変化にみられる自己評価維持機制　心理学研究, *63*, 371–378.

Jones, S. C., & Regan, D. T. (1974). Ability evaluation through social comparison. *Journal of Experimental Social Psychology, 10*, 133–146.

Knowles, E. S. (1972). Boundaries around social space: Dynamic responses to an invader. *Environment and Behavior, 4*, 437–445.

Mita, T. H., Dermer, M., & Knight, J. (1977). Revered facial images and the mere- exposure hypothesis. *Journal of Personality and Social Psychology, 35*, 597–601.

宮本 聡介・太田 信夫 (編) (2008). 単純接触効果研究の最前線　北大路書房

Newcomb, T. M. (1961). *The acquaintance process*. New York: Holt, Rinehart and Winston.

Patterson, M. L. (1976). An arousal model of interpersonal intimacy. *Psychological Review, 83*, 235–245.

Pinkus, R. T., Lockwood, P., Fournier, M. A., & Schimmack, U. (2008). For better and for worse: Everyday social comparisons between romantic partners. *Journal of Personality and Social Psychology, 95*, 1180–1201.

齋藤 勇 (編) (2006). イラストレート恋愛心理学　誠信書房

高田 利武 (2011). 新版 他者と比べる自分 サイエンス社

Tesser, A. (1984). Self-evaluation maintenance processes: Implications for relationships and for development. In J. C. Masters & K. Yarkin-Levin (Eds.), *Boundary areas in social and developmental psychology*. New York: Academic Press.

Walster, E., Aronson, V., Abarahams, D., & Rottman, L. (1966). Importance of physical attractiveness in dating behavior. *Journal of Personality and Social Psychology, 4*, 508–516.

Witvliet, C., & Scott, V. (2007). Play it again Sam: Repeated exposure to emotionally evocative music polarizes liking and smiling responses, and influences other affective reports, facial EMG, and heart rate. *Cognition & Emotion, 21*, 3–25.

山田 歩・外山 みどり (2010). もっともらしい理由による選択の促進 心理学研究, *81*, 492–500.

Zajonc, R. B. (1968). Attitudinal effects of mere exposure. *Journal of Personality and Social Psychology, 9*, Monograph Supplement, 1–27.

索　　引

人名索引

事項索引

執筆者紹介 （執筆順）

磯崎三喜年　国際基督教大学教養学部　社会心理学専攻
　　　　　　まえがき，Chapter 3（感覚），Chapter 8，Chapter 11，Chapter 12
森島　泰則　国際基督教大学教養学部　認知心理学専攻
　　　　　　Chapter 1，Chapter 3（知覚），Chapter 4，Chapter 5
直井　　望　国際基督教大学教養学部　神経科学・発達心理学専攻
　　　　　　Chapter 2，Chapter 6，Chapter 7
西村　　馨　国際基督教大学教養学部　臨床心理学専攻
　　　　　　Chapter 9
荻本　　快　相模女子大学学芸学部　臨床心理学専攻
　　　　　　Chapter 10

現代心理学入門

2020 年 4 月 20 日　　初版第 1 刷発行　　定価はカヴァーに
　　　　　　　　　　　　　　　　　　　　表示してあります

　　　　　　著　者　磯崎三喜年
　　　　　　　　　　森島泰則
　　　　　　　　　　西村　馨
　　　　　　　　　　直井　望
　　　　　　　　　　荻本　快
　　　　　　発行者　中西　良
　　　　　　発行所　株式会社ナカニシヤ出版
　　　　　　〒606-8161　京都市左京区一乗寺木ノ本町 15 番地
　　　　　　　　　　　Telephone　075-723-0111
　　　　　　　　　　　Facsimile　075-723-0095
　　　　　　　　Website　http://www.nakanishiya.co.jp/
　　　　　　　　Email　iihon-ippai@nakanishiya.co.jp
　　　　　　　　　　　郵便振替　01030-0-13128

装幀＝白沢　正／印刷・製本＝創栄図書印刷株式会社
Copyright © 2020 by Mikitoshi Isozaki, Yasunori Morishima,
　Kaoru Nishimura, Nozomi Naoi and Kai Ogimoto
Printed in Japan
ISBN978-4-7795-1479-1　C3011